KARLHEINZ HARTUNG

Kleine Typenkunde Schweizer Triebfahrzeuge

Lokomotiven und Triebwagen
der SBB und der Privatbahnen

transpress

Einbandgestaltung: Nicole Lechner

Titelbild: Karlheinz Hartung

Alle nicht gekennzeichneten Fotos stammen aus der Sammlung des Autors.

ISBN: 3-613-71069-2

Postfach 10 37 43, 70032 Stuttgart.
Ein Unternehmen der Paul Pietsch Verlage GmbH + Co.
1. Auflage 1997

Lektor: Claus-Jürgen Jacobson
Innengestaltung: Viktor Stern
Reproduktion:SKS-Repro,72124 Pliezhausen
Druck: Rung-Druck, 73010 Göppingen
Bindung: Josef Spinner, 77833 Ottersweier
Printed in Germany

Vorwort

Dieser Band der Reihe »Kleine Typenkunde« ist den Lokomotiven und Triebwagen der Schweizer Eisenbahnen gewidmet, die in diesem Jahr ihr 150jähriges Bestehen feiern.

Nirgendwo sonst ist die Vielfalt unterschiedlichster Bahnen so groß wie in der Schweiz. Neben den Schweizerischen Bundesbahnen SBB gibt es rund 70 konzessionierte Transportunternehmungen mit öffentlichem Schienenverkehr, die allgemein als Privatbahnen bezeichnet werden, jedoch ganz überwiegend im Besitz der Kantone und Gemeinden sind. Neben den größeren und kleineren Normalspurbahnen, an deren Spitze die BLS-Gruppe steht, gibt es viele schmalspurige Adhäsionsbahnen sowie Bahnen mit kombiniertem Adhäsions- und Zahnstangenbetrieb und reine Zahnradbahnen. Entsprechend vielgestaltig und interessant ist der Fahrzeugpark der Schweizer Eisenbahnen.

Abweichend von den bereits erschienenen Taschenbüchern über die deutschen und die österreichischen Triebfahrzeuge, deren Inhalte sich auf die jeweiligen Staatsbahnen DB beziehungsweise ÖBB konzentrieren, ist der vorliegende Band daher nicht nur den Fahrzeugen der SBB, sondern auch den Lokomotiven und Triebwagen der zahlreichen Privatbahnen gewidmet. Sie machen mit etwa 40% des Streckennetzes einen ganz wesentlichen Teil des Bahnverkehrs in der Schweiz aus und dürfen daher in einer solchen Darstellung nicht unberücksichtigt bleiben.

Das Spektrum der beschriebenen Fahrzeuge reicht von den in großen Stückzahlen beschafften Universal-Lokomotiven der SBB über den Fahrzeugpark der normalspurigen und schmalspurigen Adhäsionsbahnen bis zu den teils in Kleinstserien oder Einzelstücken gebauten Fahrzeugen der kombinierten Bahnen und der reinen Zahnradbahnen.

Diese Vielfalt auf knappstem Raum möglichst umfassend und übersichtlich darzustellen, erforderte eine besondere Konzeption und Gliederung, die im Abschnitt »Zu diesem Buch« näher erläutert wird.

Zu Dank verpflichtet bin ich den Bahnen und der Eisenbahn-Industrie sowie ihren Mitarbeiterinnen und Mitarbeitern, die mich mit Informationen, Dokumentationsmaterial und Fotos unterstützt haben. Danken möchte ich auch den Eisenbahnfreunden Jürgen Burmeister, René Studer und Paul Werner, die mir bereitwillig ihre privaten Archive öffneten.

Düsseldorf, im April 1997

Karlheinz Hartung

Inhalt

Reine Zahnradbahnen

Zu diesem Buch

Eine vollständige Darstellung aller derzeitigen Lokomotiven und Triebwagen der SBB und der zahlreichen Schweizer Privatbahnen ist in einem einzelnen Taschenbuch naturgemäß nicht möglich, sie würde den mehrfachen Umfang dieses Bandes beanspruchen. Zugunsten einer handlichen und preisgünstigen einbändigen Ausgabe mußte daher auf die Aufnahme der Rangierlokomotiven und Traktoren ebenso verzichtet werden wie auf die Fahrzeuge der Museumsbahnen sowie auf einige Splittergattungen und Einzelstücke, die zwar in Fahrzeug-Bestandslisten noch aufgeführt sind, betrieblich jedoch keine oder nur eine sehr geringe Bedeutung haben.
Die fast 130 Einzelbeschreibungen wurden nicht nach Bahnen, sondern in die folgenden vier Kapitel zusammengefaßt:

- Adhäsionsbahnen Normalspur
- Adhäsionsbahnen Schmalspur
- Kombinierte Bahnen
- Reine Zahnradbahnen

Innerhalb der einzelnen Kapitel sind die Fahrzeuge getrennt nach Lokomotiven und Triebwagen chronologisch geordnet. Verwandte Fahrzeuge mehrerer Bahnen wurden zumeist in einer Beschreibung zusammengefaßt. Damit wird einerseits der heute oft gemeinsamen Beschaffung von Rollmaterial durch mehrere Bahnen Rechnung getragen, andererseits wird die technisch-historische Entwicklung verdeutlicht. Außerdem konnten auf diese Weise Wiederholungen gleicher Sachverhalte weitgehend vermieden werden.
Über die mehr als 200 in den Einzelbeschreibungen dargestellten Fahrzeugserien hinaus werden in den jeweiligen Einleitungen zahlreiche weitere Lokomotiven und Triebwagen einschließlich ihrer Daten erwähnt und vielfach auch im Foto vorgestellt.
Wie die SBB, so sind auch die meisten Privatbahnen schon sehr früh elektrifiziert worden und heute so gut wie vollständig »unter Draht«. Die elektrische Traktion wird darum auch in den Einleitungen der jeweiligen Kapitel besonders gewürdigt. Da Dampflokomotiven nur noch bei der BRB im Regelbetrieb verkehren, konnte hingegen die Darstellung der Dampftraktion auf diese Zahnradbahn beschränkt bleiben.
Ein nach Bahnen geordnetes, umfangreiches Register am Ende des Buches erleichtert das Auffinden der einzelnen Fahrzeug-Beschreibungen und informiert nicht nur über den Fahrzeugpark, sondern auch über die wichtigsten Daten der jeweiligen Bahnen wie Streckenlänge, Eröffnungsjahr, Spurweite, Elektrifizierung und ggf. die Zahnstangen-Bauart.

Die Bezeichnungssysteme

In seinen Grundzügen stammt das bisherige Bezeichnungssystem der Schweizer Eisenbahn-Fahrzeuge, das derzeit bei den Normalspurbahnen von einem computergerechten System abgelöst wird, aus den achtziger Jahren des vorigen Jahrhunderts. Damals wurden die schon zuvor üblichen Serienbezeichnungen A für Schnellzug-, B für Personenzug- und C für Güterzuglokomotiven mit bestimmten Geschwindigkeits-Bereichen verknüpft und weitere Kennbuchstaben, z.B. E für Rangierloks eingeführt. Diese Kennzeichnung wurde durch die mit einem Bruchstrich getrennte Angabe der angetriebenen Achsen und der Achsen insgesamt ergänzt, z.B. Ce 4/6.
Später erhielt das Kennzeichnungssystem noch weitere Differenzierungen durch Kleinbuchstaben als Index für die Betriebsarten und 1935 kam mit den »Roten Pfeilen« der neue Buchstabe R (Rapide) für Geschwindigkeiten über 110 km/h hinzu. Bei Schmalspur- und bei Zahnradlokomotiven wird neben den Serienbezeichnungen G, H und HG nicht nach Geschwindigkeiten differenziert. Traktoren tragen bei allen Spurweiten den Buchstaben T.
Bei den Triebwagen erfolgte in Anlehnung an die internationalen Gepflogenheiten die Kennzeichnung der drei Wagenklassen bis zur Reform 1956 mit den Buchstaben A, B und C, die Gepäckabteile wurden noch bis 1962 mit F, seither mit D bezeichnet, Postabteile mit Z. Nach der Reduzierung auf zwei Klassen wurden z. B. aus den BCFe 4/8 der BLS die heutigen ABDe 4/8.
Im Text dieses Buches wurden die heute gültigen Klassen-Bezeichnungen auch dann verwendet, wenn die Fahrzeuge schon vor der Reform in Dienst gestellt wurden, Ausnahmen sind historische Fahrzeuge, die wieder ihre alten Bezeichnungen erhielten. Verschiedene Bauarten innerhalb der gleichen Serie werden durch Indizes in Form römischer Ziffern unterschieden, z.B. Re 4/4 III. Die Serienbezeichnungen und Indexbuchstaben sind in der Tabelle 1 auf Seite 8 zusammengestellt. Bei den Lokomotiven haben die Buchstaben A bis D heute fast nur noch historische Bedeutung.
Neben der Typbezeichnung trägt jedes Fahrzeug auch eine Identifikations-Nummer. Diese ist nach dem bisherigen System bei den Lokomotiven der SBB fünfstellig, bei den Triebwagen vierstellig und bei den Privatbahn-Fahrzeugen ein-, zwei- oder dreistellig. Verwirrung schaffen gelegentliche Doppelbelegungen oder Umnumerierungen. In den Beschreibungen dieses Buches werden im allgemeinen die jeweils zuletzt gültigen Nummern verwendet. Auslassungspunkte weisen auf nicht mehr komplette Serien hin. Gibt es in einer Serie nur zwei Fahrzeuge, wurde statt des Bis-Striches ein Plus-Zeichen verwendet.

Tabelle 1: Serienbezeichnungen und Indexbuchstaben

Lokomotiven und Triebwagen

Serie R	Triebfahrzeuge, die mit erhöhter Kurvengeschwindigkeit und mit über 110 km/h Höchstgeschwindigkeit verkehren dürfen. Bei Triebwagen wird der Buchstabe R der Wagenbezeichnung vorangestellt.

Lokomotiven

Serie A	Lokomotiven mit Höchstgeschwindigkeit über 80 km/h
Serie B	Lokomotiven mit Höchstgeschwindigkeit von 70 bis 80 km/h
Serie C	Lokomotiven mit Höchstgeschwindigkeit von 60 und 65 km/h
Serie D	Lokomotiven mit Höchstgeschwindigkeit von 45 bis 55 km/h
Serie E	Rangierlokomotiven
Serie G	schmalspurige Lokomotiven für Adhäsionsbetrieb
Serie H	Lokomotiven für Zahnradbetrieb
Serie HG	Lokomotiven für Adhäsions- und Zahnradbetrieb
Serie T	Traktoren

Triebwagen

Serie A	Personentriebwagen 1. Klasse
Serie AB	Personentriebwagen 1. und 2. Klasse
Serie B	Personentriebwagen 2. Klasse
Serie BD	Personentriebwagen 2. Klasse mit Gepäckabteil
Serie D	Gepäck-Triebwagen

Betriebsart

Index e	elektrische Triebfahrzeuge mit Stromabnehmer
Index a	Akkumulatoren-Triebfahrzeuge
Index ea	elektrische Triebfahrzeuge mit Stromabnehmer und Akkumulatoren-Batterie
Index em	elektrische Triebfahrzeuge mit Stromabnehmer und Dieselmotor
Index m	Triebfahrzeuge mit Dieselmotor
Index h	Triebwagen mit Zahnradantrieb Bei Triebwagen für reinen Zahnradbetrieb steht der Index h vor, bei Triebwagen für gemischten Betrieb hinter dem Index für die Traktionsart

Im Jahre 1988 präsentierte die SBB für ihre Triebfahrzeuge ein neues, an den internationalen Gepflogenheiten orientiertes Bezeichnungssystem. Dessen sechsstellige Nummern sind für die elektronische Datenverarbeitung geeignet, hierzu werden sie als siebte Stelle um eine Kontrollziffer ergänzt. Die ersten drei Stellen bilden die Bauartnummer, während die mit einem Zwischenraum abgetrennten weiteren drei Ziffern die Ordnungsnummern darstellen. Der Aufbau der Bauartnummern ist aus der untenstehenden Tabelle 2 ersichtlich. In einer überarbeiteten Fassung wurde dieses neue Num-

Tabelle 2: Die Bauartbezeichnungen im neuen Nummernschema

Elektrische Streckenlokomotiven		Diesel- und Rangierlokomotiven		Triebwagen und Triebzüge	
1. Stelle		**1. Stelle**		**1. Stelle**	
3	3 Triebachsen	8	Diesellokomotiven	5	
4	4 Triebachsen	9	Rangierlokomotiven		
6	6 Triebachsen				
2. Stelle		**2. Stelle**		**2. Stelle**	
0	Reserve	0	Reserve	0	Reserve
1	bisher Index I	1	Reserve	1	Vorortzüge
2	bisher Index II	2	2 Triebachsen	2	(R)ABe
3	bisher Index III	3	3 Triebachsen	3	(R)ABDe
4	bisher Index IV	4	4 Triebachsen	4	(R)Be
5	geplanter Index V	5	Reserve	5	Be(m)
6	geplanter Index VI	6	6 Triebachsen	6	(R)BDe
7	Reserve	7	Reserve	7	BDe
8	Reserve	8	Reserve	8	De
9	Reserve	9	Reserve	9	Reserve
3. Stelle		**3. Stelle**		**3. Stelle**	
0	SBB - Unterbauart	0	SBB	0	SBB
1	SBB - Unterbauart	1	SBB	1	SBB
2	SBB - Zweisystem-Tfz.	2	SBB	2	SBB
3	SBB - Dreisystem-Tfz.	3	SBB	3	SBB
4	SBB - Viersystem-Tfz.	4	SBB	4	SBB
5	BLS-Gruppe	5	BLS-Gruppe	5	BLS-Gruppe
6-8	Übrige (s. Tab. 3)	6-8	Übrige	6-8	Übrige
9	Reserve	9	Reserve	9	Reserve

mernschema 1992 so weiterentwickelt, daß es auch auf die normalspurigen Privatbahnen übertragbar ist, wobei deren bisherige Fahrzeugnummern weitgehend erhalten bleiben können. Die jeweiligen Bahnen sind dabei in den dritten und vierten Stellen der Gesamtnummer verschlüsselt, also in der letzten Ziffer der Bauartnummer und der ersten Ziffer der Ordnungsnummer. Diese Kennzahlen sind in der Tabelle 3 auf Seite 10 zusammengestellt.
Die Schmalspurbahnen sind von dem neuen Nummernschema nicht betroffen, lediglich die Fahrzeuge der SBB-Brünigbahn sind umgezeichnet worden.

Tabelle 3: Verschlüsselung der weiteren Normalspurbahnen in der 3. und 4. Stelle des neuen Nummernschemas

6 0	BT	7 0	GFM	8 0	PTT
6 1	EBT-Gruppe	7 1	GFM	8 1	STB
6 2	EBT-Gruppe	7 2	OeBB	8 2	TSOL
6 3	EBT-Gruppe	7 3	RVT	8 3	PBr
6 4	SOB	7 4	CJ	8 4	WM
6 5	SZU	7 5	MO	8 5	ST
6 6	MThB	7 6	OC	8 6	RB
6 7	Reserve	7 7	Private Kreis I	8 7	RHB
6 8	Reserve	7 8	Private Kreis II	8 8	LO
6 9	OKK	7 9	Private Kreis III	8 9	KLB

Die Serienbezeichnungen und Indexbuchstaben des bisherigen Systems bleiben mit Ausnahme der Bauarten-Indizes auch künftig erhalten, die Angaben der Achszahlen entfallen jedoch.
Die Umstellung erfolgt bei der SBB und den Privatbahnen nicht zu einem bestimmten Stichtag, sondern sukzessive, dabei können Fahrzeuge buchmäßig bereits mit neuen Nummern geführt werden, ohne daß auch die Anschriften sofort geändert werden. Bei der SBB haben zunächst nur Neubeschaffungen sowie revidierte Fahrzeuge die neuen Bezeichnungen erhalten, den Auftakt machten seinerzeit die S-Bahn-Lokomotiven Re 450. Mit den NPZ-Triebwagen RBDe 4/4, neu RBDe 560 haben nun auch reine Umzeichnungen begonnen. Bei den Privatbahnen wird die Umstellung unterschiedlich gehandhabt. So geht zum Beispiel die BLS-Gruppe ähnlich vor wie die SBB, während einige kleinere Bahnen schon komplett umgestellt haben.

Die sicher noch eine geraume Weile anhaltende Umstellungsphase spiegelt sich auch in den Fahrzeugbeschreibungen dieses Buches wider: Fahrzeuge, die schon Nummern nach dem neuen Schema tragen, sind auch hier entsprechend aufgeführt. Bei den anderen wurden die bisherigen Bezeichnungen jedoch noch beibehalten, da es z.B. eine Reihe Re 420 bei der SBB in der Praxis noch nicht gibt. In der nachfolgenden Tabelle 4 sind die alten und die neuen Bezeicnungen der in diesem Buch beschriebenen Fahrzeuge gegenübergestellt.

Tabelle 4: Alte und neue Bezeichnungen der normalspurigen Triebfahrzeuge

Bahn	Serie	Nummern alt	Serie	Nummern neu
SBB	Re 4/4 I	10001..050	Re	410 000-049
	Re 4/4 II	11101..397	Re	420 000-272
	Re 4/4 III	11351–370	Re	430 000-016
			Re	450 000-114
			Re	460 000-118
	Ae 6/6	11401–520	Ae	610 000-119
	Re 6/6	11601..689	Re	620 000-087
	RABe EC	1051..1055	RABe EC	500 000-004
	RABDe 12/12	1101–1118	RABDe	510 000-017
	RABDe 8/16	2001–2004	RABDe	511 000-003
	RBe 4/4	1401..1482	RBe	540 006-079
			Bem	550 000-004
	RBDe 4/4	2100–2183	RBDe	560 000-083
			RBDe	560 100-135
			RBDe	562 000-005
	BDe 4/4	1621..1651	BDe	570 000-028
	Bm 4/4	18401–446	Bm	840 000-045
			Am	841 000-039
	Bm 6/6	18501–514	Bm	860 000-013
	Am 6/6	18521–526	Am	861 000-005
Brünigbahn	HGe 4/4 II	1961–1968	HGe	101 961-968
	Deh 4/4	901–916	De	110 000-005
			Deh	120 006-012

Bahn	Serie	Nummern alt	Serie	Nummern neu
BLS	Ce 4/4	311..315	Ce	015 311..315
(mit BN, GBS	Ae 6/8	205..208	Ae	015 205..208
und SEZ)	Ae 4/4	251..258	Ae	415 251..258
	Re 4/4	161–195	Re	425 161–195
			Re	465 001–008
	Ae 8/8	271..275	Ae	485 271..275
	ABDe 4/8	746–755	ABDe	535 746–755
	Be 4/4	761–763	Be	545 761–763
	RBDe 4/4	721–742	RBDe	565 721–742
BT	Be 4/4	11..16	Be	416 011..016
	Re 4/4	91–96	Re	456 091–096
	Be 3/4	43	Be	556 043
	RBDe 4/4	71–76	RBDe	566 071–076
	BDe 4/4	50–53	BDe	576 050–053
CJ	BDe 4/4	101+102	BDe	577 101+102
	De 4/4	111	De	587 451
EBT	Re 4/4	111–113	Re	436 111–113
(mit SMB	Re 4/4	141	Re	436 141
und VHB)	Re 4/4	181	Re	436 181
			Re	456 142+143
	Be 4/4	101–108	Be	406 101–108
	Be 4/4	171+172	Be	406 171+172
	RBDe 4/4	221–233	RBDe	566 221–233
	RBDe 4/4	261–265	RBDe	566 261–265
	RBDe 4/4	281–283	RBDe	566 281–283
	BDe 4/4	201	BDe	576 201

Bahn	Serie	Nummern alt	Serie	Nummern neu
	BDe 4/4	251+252	BDe	576 251+252
	BDe 2/4	240	BDe	576 240
	De 4/4	235+236	De	586 235+236
	De 4/4	266+267	De	586 266+267
GFM			Ae	417 191+192
	RABDe 4/4	171–173	RABDe	537 171–173
	RABDe 4/4	181+182	RABDe	537 181+182
LO	He 2/2	121–123	He	298 821–823
	Bhe 2/2	111+112	Bhe	558 811+812
LOKOOP AG			Ae	477 900..914
MO	ABDe 4/4	6–9		
MThB	Re 4/4 II	21	Re	426 621
	ABDe 4/4	11–16	ABDe	536 611–616
			RBDe	566 631–634
			Bm	596 671–673
	Em 2/2	41	Em	826 641
OC	Be 2/2	14	Be	557 614
	BDe 4/4	12+13	BDe	577 612+613
	De 2/2	32	De	587 632

Bahn	Serie	Nummern alt	Serie	Nummern neu
OeBB	ABDe 4/8	244+245	ABDe	537 244+245
	RBe 2/4	202	RBe	547 202
	De 6/6	15301	De	607 266
PBr	RBDe 4/4	2184+2185	RBDe	568 384+385
RB	He 2/3	8 (ARB)	He	298 608
	He 2/2	18 (VRB)	He	298 618
	Bhe 4/4	15 (ARB)	Bhe	558 615
	Bhe 4/4	21+22 (VRB)	Bhe	558 621+622
	Bhe 2/4	1–4 (VRB)	Bhe	578 601–604
	BDhe 4/4	5 (VRB)	BDhe	578 605
	BDhe 2/3	6 (ARB)	BDhe	578 606
	BDhe 2/4	7 (ARB)	BDhe	578 607
	BDhe 2/4	11–14 (ARB)	BDhe	578 611-614
	H 2/3	16+17	H	008 616+617
RHB	ABDeh 2/4	23	ABDeh	538 723
	BDeh 2/4	24	BDeh	578 724
	DZeh 2/4	22	DZeh	588 722
RVT	ABDe 4/8	743 (ex BLS)	ABDe	537 313
	RBDe 4/4	105–107	RBDe	567 315–317

Bahn	Serie	Nummern alt	Serie	Nummern neu
SOB	Re 4/4 IV	10101–104 (ex SBB)	Re	446 445–448
	ABe 4/4	5..14	ABe	526 405..414
			RBDe	566 400–403
	BDe 4/4	80–87	BDe	576 480–487
	De 4/4	21+22	De	586 421+422
ST	Em 2/2	1+2	Em	828 501+502
STB	Be 4/4	106	Be	548 106
	BDe 4/6	102+103	BDe	578 102+103
SZU	Re 4/4	42–47	Re	456 542–547
	Be 2/2	2	Be	556 502
	Be 4/4	21–28	Be	556 521–528
	Be 8/8	31+32	Be	556 531+532
	BDe 4/4	11–14	BDe	576 511–514
	BDe 4/4	92..96	BDe	576 592..596
	De 3/4	41	De	586 541
	FCe 2/4	84	FCe	026 584
WM	BDe 4/4	1+2	BDe	578 401+402

Adhäsionsbahnen Normalspur

Neben der SBB mit einem Streckennetz von knapp 3000 km finden wir in der Schweiz rund zwei Dutzend normalspurige Privatbahnen mit öffentlichem Verkehr. Hierbei reicht die Palette von der großen BLS-Gruppe mit eine Linienlänge von insgesamt 245 km und mit internationalem Durchgangsverkehr auf der Lötschbergstrecke bis zu kleinen Stichbahnen wie beispielsweise der OC, die überwiegend dem Gütertransport dient und für den Personenverkehr auf ihrer knapp 4 km langen Strecke nur den kleinen zweiachsigen Triebwagen Be 2/2 14 im Regeleinsatz hat.
Ebenso vielgestaltig wie die Bahngesellschaften ist auch ihr Rollmaterial. Bei der SBB hat in den letzten zehn Jahren durch die Beschaffung der »Lok 2000« Re 460, der S-Bahn-Lok Re 450 und der NPZ-Triebwagen RBDe 560 eine umfassende Verjüngung des Fahrzeugparks stattgefunden, wodurch Vorkriegs-Serien wie die Ae 3/6 I oder die Ae 4/7 entbehrlich wurden. Auch viele Privatbahnen verfügen über modernste Lokomotiven und Triebwagen, hier und da finden wir aber noch Fahrzeuge im Bestand, die fast schon als eisenbahnhistorische Antiquitäten gelten dürfen. Rückschlüsse auf die Finanzkraft der jeweiligen Bahn sind hieraus nicht unbedingt zu ziehen, vielmehr ist es oft die im Vergleich mit den größeren Bahnen geringere Laufleistung, die den Fahrzeugen eine längere Lebensdauer beschert.
Schließlich ist es aber auch ein Beleg für die solide Qualität der ganz überwiegend im eigenen Land konstruierten und produzierten Fahrzeuge.

Der elektrische Betrieb

Das Fehlen eigener Kohlevorkommen und die andererseits für die Erzeugung von Strom reichlich zur Verfügung stehende Wasserkraft haben dazu geführt, daß die Bahnen in der Schweiz früher und vollständiger elektrifiziert wurden als anderswo. Am Ende der zwanziger Jahre, als beispielsweise in Deutschland die Dampftraktion durch die Einheits-Bauarten erst ihren Höhepunkt erlebte, war in der Schweiz schon mehr als die Hälfte des Streckennetzes »unter Draht«. Bereits 1917 waren die letzten Dampflokomotiven an die SBB geliefert worden. Die Dampftraktion genießt daher im Bewußtsein der Eisenbahnfreunde wie der Bevölkerung allgemein einen geringeren Stellenwert als in anderen Ländern. Von den Privatbahnen sind zwar einige erst im oder nach dem Zweiten Weltkrieg elektrifiziert worden, heute werden jedoch mit Ausnahme von drei kleinen Güterstrecken alle Normalspurbahnen der Schweiz elektrisch betrieben. Zur Ergänzung der nachfolgenden Einzelbeschreibungen soll daher hier zunächst die Entwicklung der elektrischen Traktion bei den Normalspurbahnen kurz zusammengefaßt werden, die Daten der erwähnten Fahrzeuge sind jeweils am Ende der Abschnitte tabellarisch zusammengestellt.

Frühe elektrische Triebfahrzeuge

Die bereits eingangs erwähnte OC darf für sich in Anspruch nehmen, die älteste elektrisch betriebene Normalspurbahn der Schweiz zu sein. Seit ihrer Eröffnung im Jahre 1894 wird sie mit Gleichstrom 700 V betrieben. Zum Einsatz kamen zunächst ein Triebwagen Ce 2/2 für den Personenverkehr sowie eine Gepäcklokomotive De 2/2 für den Gütertransport. Der 1895 gebaute CFe 2/2 11 ist heute im VHS Luzern ausgestellt. Bei der OC in der Betriebsreserve finden wir noch die De 2/2 32 von 1902. Die beiden Triebwagen BDe 4/4 aus dem Jahre 1915 sind erst 1990 von dem schon erwähnten Be 2/2 14 aus dem Regeleinsatz verdrängt worden.
Als erste elektrische Hauptbahn nicht nur der Schweiz, sondern ganz Europas gilt die EBT-Vorgängerin BTB, die 1899 auf ihrer rund 40 km langen Strecke den Betrieb mit Drehstrom 750 V 40 Hz aufnahm. Von den sechs Triebwagen BCe 4/4 der Erstausstattung blieb keiner erhalten, da sie 1933 bei der Umstellung auf Wechselstrom zu Personenwagen umgebaut wurden. Von den beiden ebenfalls aus dem Jahre 1899 stammenden Lokomotiven De 2/2 ist jedoch eine im VHS Luzern und die andere im Deutschen Museum in München zu besichtigen.
Mit der Eröffnung des Simplon-Tunnels 1906 begann auch für die SBB der elektrische Betrieb, zunächst jedoch mit Drehstrom 3000 V 16 $^{2}/_{3}$ Hz. Zum Einsatz kamen anfangs zwei Lokomotiven Ae 3/5, drei weitere Maschinen gleicher Bauart konnten von der FS hinzugemietet werden. Ab 1907 beschaffte die SBB die Ae 4/4 366 bis 369, die mit einer Stundenleistung von 1250 kW damals die stärksten elektrischen Lokomotiven der Welt waren. Leider ist von diesen Maschinen ebenso wie von den drei weiteren Drehstrom-Lokomotiven der SBB keine erhalten geblieben.
Nachdem der Schweizer Ingenieur Hans Behn-Eschenburg einen für die Bahntraktion brauchbaren Wechselstrom-Reihenschlußmotor mit Direkteinspeisung entwickelt hatte, war schon ab 1905 auf der Nebenstrecke Seebach–Wettingen von der Maschinenfabrik Oerlikon (MFO) in Zusammenarbeit mit der SBB ein Versuchsbetrieb unter Wechselstrom 15 kV 50 Hz, später 15 Hz, eingerichtet worden. Die Lokomotiven Ce 4/4 1, die wohl nicht nur wegen ihrer Rolle als Mutter der Wechselstrom-Lokomotiven sondern auch wegen ihrer gerundeten Vorbauten den Namen »Eva« erhielt, sowie die Ce 4/4 2 »Marianne« des 1909 beendeten Versuches gehören heute zum Bestand des VHS Luzern, nachdem sie zuvor noch lange Jahre bei der BT bzw. der STB im Einsatz waren.

CFe 2/2 11 der OC von 1895

Ce 4/4 1 »Eva« der SBB von 1904

Frühe elektrische Triebfahrzeuge – Normalspur

Bahn	Serie	Nr.	Jahr	LüP mm	t	km/h	kW	Herst.	Anm.
Gleichstrom-Fahrzeuge									
OC	CFe 2/2	11	1895	9 900	11	20	52	SIG/MFO	VHS
	De 2/2	32	1902	9 020	15	45	106	SWS/MFO	
	BDe 4/4	12+13	1915	15 780	30	50	130	SWS/MFO	
Drehstrom-Fahrzeuge									
BTB	F 2/2 (De 2/2)	2	1899	7 800	30	36	220	SLM/BBC	VHS
SBB	Ae 4/4	366-369	1907	11 640	69	80	1 250	SLM/BBC	./.
Wechselstrom-Fahrzeuge									
SBB/	Ce 4/4	1	1904	9 500	40	60	257	SLM/MFO	VHS
MFO	Ce 4/4	2	1905	9 500	43	60	257	SLM/MFO	VHS

Wechselstrom-Lokomotiven

Die positiven Erfahrungen mit dem Versuchsbetrieb Seebach–Wettingen konnten sich zunächst drei Privatbahnen zu Nutze machen, über die richtige Spannung und Frequenz gingen allerdings die Meinungen noch auseinander:
Die damalige SThB elektrifizierte ihre Strecken 1910 mit 5,5 kV 25 Hz, die MO eröffnete im gleichen Jahr ihren Betrieb mit 8 kV 15 Hz und die BLS schließlich richtete ebenfalls 1910 für ihre im Bau befindliche Lötschbergbahn auf der Talstrecke Spiez–Frutigen einen Vorlaufbetrieb mit 15 kV 16 2/3 Hz ein. Von den ersten elektrischen Triebwagen und Gepäcktriebwagen dieser drei Bahnen sind keine erhalten geblieben. Als Probelok für die Lötschbergstrecke erhielt die BLS die Ce 6/6 121, die als Drehgestell-Lok ohne Laufachsen der Zeit voraus war, in den Laufeigenschaften allerdings nicht überzeugte. Ihrem Schrägstangenantrieb mit Blindwellen war jedoch später im In- und Ausland großer Erfolg beschieden. Von dieser Lok blieb nur ein im VHS ausgestelltes Drehgestell erhalten.
Zur eigentlichen Lötschberg-Lok wurde die 1913 beschaffte Reihe Be 5/7, eine Rahmenlok mit schnellaufenden Motoren und Stangenantrieb über einen charakteristischen Dreieckrahmen. Mit einer Stundenleistung von 1 840 kW konnten diese Loks 300-Tonnen-Züge auf den bis zu 27 ‰ steilen Rampen mit 50 km/h befördern. Die Lok 151 der dreizehn Maschinen umfassenden Serie steht heute im VHS Luzern.
Die Bahnverwaltungen von Baden und Bayern und auch die Preußische Staatsbahn hatten sich 1913 wie schon zuvor die BLS für den Einphasen-Wechselstrom mit 15 kV 16 2/3 Hz entschieden. Als die Kohlenversorgung immer problematischer

Be 4/6 12320 der SBB von 1921

Ce 6/8 II 14270 der SBB von 1920

wurde, entschloß sich 1916 auch die SBB, die Elektrifizierung – beginnend mit der Gotthardbahn – mit dem heutigen »Einheitsstrom« beschleunigt vorzunehmen. So wurde 1917 die Entwicklung von vier Probelokomotiven in Angriff genommen, für Personenzüge die Be 3/5 11201 mit festem Rahmen, für Schnellzüge die Drehgestell-Lokomotiven Be 4/6 11301 und 11302 sowie für schwere Güterzüge die Ce 6/8 I 14201. Nur die letztere ist als Exponat des VHS Luzern erhalten geblieben. Da die Zeit drängte, sind jedoch schon vor der Fertigstellung der Probeloks jeweils zehn Serienloks Be 4/6 und Ce 6/8 II bestellt worden. Von der ab 1920 gebauten Be 4/6 sind insgesamt 42 Einheiten beschafft worden, die letzten der 75 km/h schnellen, imposanten Maschinen wurden erst 1976 ausrangiert, Lok 12320 ist als historische Lokomotive der SBB in Winterthur beheimatet, während die 12332 im VHS Luzern Platz gefunden hat.
Die Reihe Ce 6/8 II für den Güterzugdienst, von der ab 1920 insgesamt 33 Exemplare beschafft wurden, erhielt wegen ihrer dreiteiligen Gelenkkonstruktion mit langen flachen Vorbauten den Übernamen »Krokodil« und zählt sicherlich zu den populärsten Lokbaureihen überhaupt. Charakteristisch ist der Stangen-Antrieb mit Dreieck-Schlitzstange, neu war die Installation einer elektrischen Nutzbremse. Einige Maschinen wurden ab 1942 modernisiert, dabei konnte die Stundenleistung von 1650 kW auf nun 2700 kW gesteigert werden. Als Weiterentwicklung wurden ab 1926 die 18 Maschinen der Reihe Ce 6/8 III beschafft. Von den Vorgängern unterscheiden sie sich rein äußerlich schon durch die Verwendung des bereits bei der BLS-Lok Ce 6/6 erwähnten Schrägstangen-Antriebes. Durch Heraufsetzung der Höchstgeschwindigkeit wurden die »Krokodile« in die Reihen Be 6/8 II bzw. III umgezeichnet. Einige von ihnen haben sich nach einem Umbau noch bis 1986 als Rangierlokomotiven ihr »Gnadenbrot« verdient. Von den erhalten gebliebenen Maschinen seien hier die Ce 6/8 II 14253 und die Ce 6/8 III 14305 als historische Lokomotiven der SBB erwähnt. Die Be 6/8 III 13302 ist bei der SOB immatrikuliert und wird für Sonderfahrten eingesetzt, die Be 6/8 II 13254 ist im VHS Luzern ausgestellt.
Für ihre Regionallinien beschaffte die BLS-Gruppe ab 1920 die wesentlich bescheideneren Ce 4/6. Die 17 auch mit dem Übernamen »Dekretsmühlen« versehenen Drehgestellmaschinen besitzen Stangenantriebe mit Blindwellen. Zehn von ihnen wurden bei einer recht ungewöhnlichen Umbauaktion 1954 ihrer Laufachsen und der kleinen Vorbauten beraubt, zwei der danach als Ce 4/4 bezeichneten Maschinen sind heute noch im Bestand, die nicht umgebaute Ce 4/6 307 ist nach langen Jahren im VHS Luzern beim Jubiläum der BLS 1988 erstmals wieder vor Sonderzügen eingesetzt worden.
Von der für leichte Schnellzüge und Personenzüge im Flachland entwickelten Serie Ae 3/6 I wurden ab 1921 insgesamt 114 Maschinen in Dienst gestellt, sie gilt als erste elektrische Einheitslok der Schweiz. Statt des bis dahin üblichen Stangenantriebes erhielt die Ae 3/6 I mit dem neu entwickelten Buchli-Gelenkhebel-Antrieb erst-

Ce 4/4 313 der GBS (BLS-Gruppe) von 1920

Ae 3/6 I 10681 der SBB von 1925

mals einen modernen Einzelachsantrieb. Mit der ab 1925 gebauten zweiten Serie konnte die Höchstgeschwindigkeit von 100 auf 110 km/h gesteigert werden. Die Lokomotiven dieser robusten Baureihe waren noch bis in die jüngste Zeit für Regional- und Nahgüterzüge unentbehrlich, erst mit der Beschaffung der »Lok 2000« konnten 1994 die letzten Maschinen ausrangiert werden. Die Ae 3/6 I 10601 aus der ersten Lieferserie steht seit langem als Denkmallok in Baden, die 10664 und die 10700 bleiben als historische Lokomotiven der SBB erhalten und die 10639 und die 10693 wurden an das Unternehmen Classic Rail verkauft.
Parallel zur Serie Ae 3/6 I wurden ab 1922 die 26 Maschinen der Serie Ae 3/5 mit Sécheron-Einzelachsantrieb beschafft. Sie besitzen einen ansonsten unüblichen Außenrahmen und konnten sich gegenüber den Buchli-Maschinen nicht durchsetzen. Neun wurden noch 1963 für den Einsatz in Auto-Pendelzügen mit Vielfachsteuerung ausgestattet, seit 1983 sind sie ausrangiert, die Lok 10217 zählt zu den historischen Fahrzeugen der SBB. Konstruktiv eng verwandt sind die sechs ebenfalls 1922 als Gegenentwurf zur Be 4/6 gebauten Be 4/7, von denen die Lok 12504 erhalten blieb. Und quasi eine verlängerte Variante der Ae 3/5 stellen die elf ab 1925 beschafften Lokomotiven der Reihe Ae 3/6 III dar, die über eine Laufachse und ein Laufgestell verfügen. Von diesen Sécheron-Loks, die bis 1980 ausrangiert wurden, ist die 10264 erhalten geblieben.
Die ab 1924 in 60 Exemplaren gebaute Ae 3/6 II stellt eine Weiterentwicklung der Probelok Be 3/5 von 1919 dar. Diese einzige schnellfahrende Bauart mit herkömmlichem Stangenantrieb wurde bis 1977 ausrangiert, erhalten geblieben ist die Maschine 10439.
Für den schweren Schnellzugdienst im Flachland wurde 1922 als Probelokomotive die Ae 4/8 11300 in Dienst gestellt, mit der die beiden Einzelachsantriebe der Bauarten Buchli und Tschanz verglichen werden konnten. Auch hier überzeugte der Buchli-Antrieb und so konnte ab 1927 die aus der bewährten Ae 3/6 I weiterentwickelte Reihe Ae 4/7 in Dienst gestellt werden, die in den folgenden Einzelbeschreibungen vorgestellt wird.
Speziell für die zunächst mit 5,5 kV 25 Hz elektrifizierte Seethalbahn wurden 1926 von der SBB die drei Lokomotiven der Reihe De 6/6 beschafft, die schon im äußeren Erscheinungsbild ihre Verwandtschaft zu den »Krokodilen« Ce 6/8 II nicht verbergen können. 1983 wurde die Lok 15301 an die OeBB verkauft, die beiden anderen sind ausrangiert worden.
Mit den Be 6/8, später Ae 6/8 201 bis 204 erhielt ab 1926 auch die BLS neue Lokomotiven, sie werden in den folgenden Einzelbeschreibungen ebenso vorgestellt wie die Reihen Be 4/4 der BT und der EBT von 1931.
Ein Einzelstück ist die ebenfalls 1926 gebaute De 3/4 41 der SZU. Diese Drehgestell-Lok mit Mittelführerhaus nimmt sich mit einer Stundenleistung von 490 kW im Vergleich zu den vorgenannten Maschinen recht bescheiden aus.

Ae 8/14 11852 der SBB von 1939

Sehr imposante Einzelstücke sind hingegen die schweren Doppel-Lokomotiven der SBB Ae 8/14 11801 von 1931, 11851 von 1932 und 11852 von 1939. Erstere stellt quasi eine Verdoppelung der Ae 4/7 dar und kommt heute als historische Lok der SBB noch gelegentlich zum Einsatz. Bei der 1977 ausrangierten Lok 11851 kam erstmals der neuentwickelte Universalantrieb zur Anwendung und die konstruktiv eng verwandte, auch als »Landilok« bezeichnete 11852 bildet heute einen besonderen Blickfang im VHS Luzern. Mit einer Stundenleistung von 8170 kW durfte sie bei ihrer Vorstellung auf der traditionellen Landesausstellung mit Fug und Recht als stärkste Lok der Welt bezeichnet werden.

Zu erwähnen ist schließlich noch die Reihe Ae 4/6, deren 12 Exemplare ab 1941 für den im Krieg stark gestiegenen Güterverkehr zwischen dem Deutschen Reich und dem verbündeten Italien beschafft wurden. Da die Konstruktion unter äußerstem Zeitdruck erfolgen mußte, beschränkte man sich im Prinzip auf eine Halbierung und Entfeinerung der Landilok 11852. Ob tatsächlich nur die unzulänglichen Laufeigenschaften und andere Mängel der Grund waren, daß bei der 1983 abgeschlossenen Ausrangierung entgegen den Gepflogenheiten keine Maschine als historische Lok oder für das VHS erhalten blieb, mag freilich dahingestellt bleiben. Immerhin waren es die letzten Lokomotiven in klassischer Rahmenbauweise mit Laufachsen.

Elektrische Lokomotiven - Normalspur

Bahn	Serie	Nr.	Jahr	LüP mm	t	km/h	kW	Herst.	Anm.
BLS	Ce 6/6	121	1910	15 800	87	60	1 470	SLM/MFO	VHS
	Be 5/7	151	1913	16 000	105	75	1 840	SLM/MFO	VHS
	Ce 4/6	307	1 920	14 390	70	65	715	SLM/MFO	
	Ce 4/4	311-315	1 920	12 340	64	65	715	SLM/BBC	
SBB	Be 3/5	*11201*	1919	13 500	93	75	1 176	SLM/MFO	./.
	Be 4/6	*11301*	1919	16 200	107	75	1 705	SLM/MFO	./.
	Be 4/6	*11302*	1919	16 500	107	75	1 412	SLM/BBC	./.
	Ce 6/8 I	14201	1920	19 240	118	65	1 750	SLM/BBC	
	Ce 6/8 II	14253	1920	19 460	126	75	2 700	SLM/MFO	hist.Lok
	Be 6/8 II	13254	1920	19 460	126	75	2 700	SLM/MFO	VHS
	Ce 6/8 III	14305	1926	20 060	131	65	1 800	SLM/MFO	hist.Lok
	Be 6/8 III	13302	1926	20 060	131	65	1 800	SLM/MFO	SOB
	Be 4/6	12320	1921	16 560	110	75	1 500	SLM/BBC	hist.Lok
	Be 4/6	12332	1922	16 500	110	75	1 500	SLM/BBC	VHS
	Be 4/7	12504	1922	16 300	111	80	1 770	SLM/SAAS	hist.Lok
	Ae 3/5	10217	1924	12 320	81	90	1 320	SLM/SAAS	hist.Lok
	Ae 3/6 I	10664	1925	14 760	93	110	1 600	SLM/BBC/	hist.Lok
		10700	1927	14 760	93	110	1 600	MFO/SAAS	hist.Lok
	Ae 3/6 II	10439	1925	14 150	98	100	1 470	SLM/MFO	hist.Lok
	Ae 3/6 III	10264	1926	13 760	89	90	1 320	SLM/SAAS	hist.Lok
	Ae 8/14	11801	1931	34 000	240	100	5 400	SLM/BBC	hist.Lok
	Ae 8/14	11852	1939	34 010	236	110	8 170	SLM/MFO	VHS
	Ae 4/6	*10801-12*	1941	17 260	105	125	4 100	SLM/MFO/ BBC/SAAS	./.
OeBB	De 6/6	15301	1926	14 060	73	50	850	SLM/BBC	ex SBB
	De 3/4		1926	12 000	48	50	490	SIG/MFO	
Gepäck-Triebwagen									
SBB	De 4/4	1679	1927	15 200	59	85	810	SIG/SWS/MFO	hist.Tfz.
	Fe 4/4	18518	1927	15 200	59	85	810	SIG/SWS/MFO	VHS
BLS	De 4/5	796	1929	20 900	70	90	1 176	SLM/SIG/SAAS	VVT
OeBB	De 4/4	51	1940	15 800	50	90	986	SLM/SIG/MFO	ex SBB
SOB	De 586	421+422	1940	15 800	50	90	986	SLM/SIG/MFO	ex SBB
EBT	De 4/4	235-267	1980 (32)	17 500	67	80	1 177	SLM/MFO	ex BDe 2/4
CJ	De 4/4	111	1980 (10)	15 000	40	70	620	SWS/BBC	ex MO

Heute nur noch wenig anzutreffen sind Gepäck-Triebwagen, die vom betrieblichen Einsatz her richtiger – und andernorts auch üblich – als Lokomotiven mit Gepäckabteil oder Gepäcklokomotiven zu bezeichnen sind und daher auch in diesem Buch den Lokomotiven zugeordnet wurden. Zu den ältesten Beispielen dieser Gattung zählen die beiden 1910 von der SThB beschafften Fe 4/4 151 und 152, die nach der Um-

Fe (De) 2/2 32 der OC von 1902 (Daten in der Tab. S. 19)

De 4/4 der 267 der VHB (EBT-Gruppe) von 1932

stellung von ursprünglich 5,5 kV 25 Hz auf den »Einheits-Wechselstrom« 1930 abgebrochen worden sind.
Die SBB beschaffte ab 1927 die in 25 Einheiten gebaute Reihe Fe 4/4, später De 4/4 1661 bis 1685. Sie waren für den Einsatz in den auch als »Arbeiter-Pullman« bezeichneten Vorortzügen mit Vielfachsteuerung ausgerüstet. Ab 1966 erhielten elf der schon zuvor mit stärkeren Motoren ausgestatteten Maschinen geschweißte Stahlkästen statt der ursprünglichen Holzaufbauten. Der De 4/4 1679 zählt heute zu den historischen Fahrzeugen der SBB, ein weiteres Fahrzeug ist mit der Ursprungsbezeichnung Fe 4/4 18518 und weiß/blauer Lackierung im VHS Luzern ausgestellt.
Von den 1929 durch die BLS-Gruppe beschafften sechs schweren Triebwagen BDe 4/5, die schon 1941 zu reinen Gepäck-Fahrzeugen umgebaut wurden und ab 1968 vor den ersten Autopendelzügen Kandersteg–Goppenstein Dienst taten, ist als letzter der De 4/5 796 ausrangiert worden, er kam jedoch nicht unter den Schneidbrenner, sondern zur Westschweizer Museumsbahn VVT.
Speziell für die neuen Leichtschnellzüge und damit als Vorläufer der Re 4/4 I sind von der SBB 1940 die drei Gepäck-Triebwagen RDe 4/4 beschafft worden, die wie die »Roten Pfeile« ursprünglich eine Höchstgeschwindigkeit von 125 km/h erreichten. Zwei der Maschinen wurden schon 1944 als 21 und 22 von der SOB übernommen, nach dem neuen Nummernschema tragen sie dort die Bezeichnung De 586. Die dritte De 4/4 gelangte über die BT und die SZU zur OeBB.
Die De 4/4 235, 236, 266 und 267 der EBT-Gruppe entstanden 1980 aus den Triebwagen CFe 2/4 von 1932, dabei wurden die Motorleistungen verdoppelt und die Wagenkästen gründlich modernisiert.
Nicht unerwähnt bleiben soll der De 4/4 111 der CJ. Zwar wurde sein Wagenkasten 1980 komplett neu gebaut, die Drehgestelle und Teile der Ausrüstung stammen jedoch von den ausrangierten ABDe 4/4 1 und 2 der MO von 1910, von denen ersterer zwischenzeitlich als Te 4/4 11 bei der RVT im Einsatz war.

Wechselstrom-Triebwagen

Von den »richtigen«, also den Personen-Triebwagen sind als älteste die Ce 2/2 und CFe 2/2 der OC schon eingangs erwähnt worden. Auch die BTB als erste elektrifizierte Hauptbahn hat schon zur Betriebseröffnung 1899 Triebwagen beschafft, von den sechs Drehstrom-BCe 4/4 ist jedoch keiner erhalten geblieben. Von den 1910 für die SThB, die MO und die BLS gebauten ersten Wechselstrom-Triebwagen existiert heute ebenfalls keiner mehr.
1925 beschaffte die BLS zwei CFe 2/6, die aus einer kleinen Lok mit kurzgekuppeltem Personenwagen bestanden. Die Wagen wurden schon lange abgebrochen, die Lokomotiven sind aber als Te 2/3 31 und 32 noch für den Baudienst im Einsatz.

Be 4/6 1602 der SBB von 1923

ABDe 4/4 161 der GFM von 1946

Die ersten elektrischen Triebwagen der SBB waren die ab 1923 gebauten Ce 4/6 9801 bis 9819, später Be 4/6 1601 bis 1619. Von diesen Fahrzeugen für den Vorortverkehr, die als erste eine fernbedienbare Hüpfer-Steuerung zur Bildung von Pendelzügen und für Doppeltraktionen erhielten, haben 17 ab 1961 statt der verblechten Holzaufbauten geschweißte Stahlkästen erhalten. Erst 1994 sind die letzten Be 4/6 ausrangiert und verschrottet worden.
1924 stellte die SZU-Vorgängerin SiTB fünf leichte Triebwagen in Dienst, von denen als Nostalgie-Fahrzeug für Sonderfahrten der FCe 2/4 84 erhalten geblieben ist.
Von den heute in der EBT-Gruppe zusammengefaßten Bahnen EB, BTB und SMB wurden ab 1932 in einer Sammelbestellung zwölf CFe 2/4 beschafft. Als historisches Fahrzeug ist von ihnen heute nur noch der BDe 2/4 240 im Bestand, andere dienten dem Bau der schon erwähnten Gepäck-Triebwagen De 4/4.
Etwa gleichzeitig mit der SBB beschaffte ab 1935 auch die BLS-Gruppe Leichttriebwagen. Diese »Blauen Pfeile« der Reihe Ce 2/4 waren mit 90 km/h zwar langsamer als die »Roten Pfeile« der SBB, sie waren jedoch für einen universelleren Einsatz mit normalen Zug- und Stoßvorrichtungen ausgestattet. Vier dieser Triebwagen mit den erstmals platzsparend auf dem Dach angeordneten Transformatoren wurden 1946 mit leichten Steuerwagen zu den späteren ABDe 2/8 701 bis 704 umgebaut, sie wurden in den achtziger Jahren ausrangiert. Der Ce 2/4 722 mit den charakteristischen »flachschnäuzigen« Stirnseiten war noch bis 1994 als Be 2/4 201 bei der OeBB im Einsatz, der Ce 2/4 727 ist im VHS Luzern erhalten geblieben. Die von der BLS-Gruppe dann ab 1938 beschafften und später zum Teil an die STB, die OeBB und die RVT abgegebenen Doppel-Triebwagen sind in den folgenden Einzeldarstellungen beschrieben.
Als ein weiterer Nostalgie-Triebwagen ist der Be 3/4 43 der BT zu nennen. Der ursprüngliche BCFe 2/4 wurde 1938 als erster normalspuriger Triebwagen mit geschweißtem Stahlkasten gebaut, erlebte mehrere Umbauten und präsentiert sich heute unter dem Namen »Tino« innen wie außen in eher kitschigem als historischem Gewand.
Als typische Entwicklungen der frühen Nachkriegszeit sollen hier die inzwischen ausrangierten BDe 4/4 211-291 der EBT-Gruppe und die ABDe 4/4 161 bis 165 und ABe 4/4 166 und 167 der GFM genannt werden. In ihren Leistungsdaten eng verwandt, sind sie konstruktiv dennoch recht unterschiedlich, da eine Koordination zur gemeinsamen Beschaffung damals noch nicht stattfand.
Schlußendlich darf ein ganz besonderes Einzelstück nicht vergessen werden: Von den ab 1981 für die SNCF gebauten Dreistrom-TGV wurde 1993 der Triebzug 112 von der SBB übernommen. Er unterscheidet sich allerdings nur ganz dezent durch kleine SBB-Logos auf den Triebköpfen von den anderen Hochgeschwindigkeits-Zügen. Interessant ist die je nach Einspeisung sehr unterschiedliche Leistung der zehnteiligen Züge aus zwei Triebköpfen, zwei Halb-Motorwagen (Bo'2') und sechs Zwischen-

BDe 4/4 13 der SZU von 1960

wagen: Unter dem »heimatlichen« Wechselstrom 25 kV 50 Hz beträgt die Stundenleistung der für 270 km/h zugelassenen TGV 6450 kW, unter Gleichstrom 1500 V nur 3100 kW und unter Wechselstrom 15 kV 16,7 Hz sogar nur noch 2800 kW.

Gleichstrom-Triebwagen

Bei den nur wenigen normalspurigen Gleichstrom-Triebwagen sind hier ergänzend zu den folgenden Einzelbeschreibungen noch die BDe 4/4 11 bis 14 der SZU zu nennen: Sie wurden 1939, 1950 und 1960 beschafft und sind konstruktiv an den Schmalspurfahrzeugen jener Zeit orientiert. Die Triebwagen 11 und 12 erhielten Magnetschienenbremsen, von den 1960 gebauten Fahrzeugen 13 und 14 unterscheiden sich ihre Leichtbau-Wagenkästen durch die Mitteleinstiege mit Doppeltüren. Alle vier BDe 4/4 können mit Bt-Steuerwagen als Pendelzüge und auch in Vielfachsteuerung verkehren. Von ihren Vorgängern, den 1923 gebauten zweiachsigen Trambahnwagen, ist der Be 2/2 2 noch als historisches Fahrzeug für Nostalgie-Fahrten im Bestand.

Elektrische Triebwagen - Normalspur

Bahn	Serie	Nr.	Jahr	LüP mm	t	km/h	kW	Herst.	Anm.
Wechselstrom									
SThB	BCe 4/4	*1-8*	1910	17 320	49	40	265	SWS/BBC	./.
MO	BCFe 4/4	*1+2*	1910	17 300	46	40	235	SWS/BBC	./.
	CFe 4/4	*11+12*	1910	14 700	43	40	235	SWS/BBC	./.
BLS	Ce 2/4	*781-783*	1910		58	70	330	SWS/MFO	./.
	CFe 2/6	*784+785*	1925		61	70	380	SLM/SIG/MFO	./.
	Ce 2/4	*727*	1935	19 400	35	90	220	SIG/MFO	VHS
SBB	Be 4/6	*1601-19*	1923	20 000	77	90	625	SWS/SAAS	./.
SZU	FCe 2/4	84	1924	15 540	42	50	252	SWS/MFO	hist.Tfz.
EBT	BDe 2/4	240	1932	17 500	59	80	588	SWS/SIG/BBC	hist.Tfz.
BT	Be 3/4	43	1938	22 000	63	80	588	SIG/SAAS	hist.Tfz.
GFM	AB(D)e 4/4	*161-167*	1946	22 700	56	100	736	SIG/BBC	./.
EBT	BDe 4/4 (I)	*211-291*	1947	22 700	56	90	886	SWS/MFO/BBC	./.
SBB	TGV	112	1981	200 190	389	270	2 800	Alsthom	ex SNCF
Gleichstrom									
SZU	Be 2/2	2	1923	10 100	18	35	148	SWS/MFO	hist.Tfz.
	BDe 4/4	11	1939	14 800	26	50	328	SWS/MFO	
	BDe 4/4	12-14	1950	15 900	28	50	328	SWS/MFO	

Diesellokomotiven

Sieht man einmal von Rangierlokomotiven und Traktoren, die ohnehin nicht Thema dieses Taschenbuches sind, ab, so spielte und spielt die Dieseltraktion bei den Eisenbahnen in der Schweiz seit jeher nur eine sehr geringe Rolle.
Die ältesten Diesellokomotiven der SBB sind die 1939 beschafften Am 4/4, später Bm 4/4 18451 und 452, deren Kastenaufbau für die späteren Re 4/4 I zum Vorbild wurde. Die 1941 als Gasturbinen-Lok beschaffte Am 4/6 1101 wurde 1961 zur elektrischen Mehrsystem-Lokomotive Ae 4/6 III 10851 umgebaut und 1978 ausrangiert.
Neben den in den Einzelbeschreibungen dargestellten Lokomotiven, die neben dem Rangierdienst auch als fahrdrahtunabhängige Reserven zum Streckeneinsatz kommen, sind die 1988 als Occasion von der DB übernommenen, inzwischen aber wieder ausrangierten Am 4/4 18461 bis 467 zu nennen.
Bei den Privatbahnen finden wir einige kleine Diesellokomotiven, die sowohl für den Rangierdienst wie auch als Streckenlokomotiven eingesetzt werden. Hierzu zählt beispielsweise die 1972 von der MThB beschaffte Em 2/2 41, die neben ihren Verschubaufgaben in Weinfelden auch für Stückgüterzüge eingesetzt wird und nach dem neuen Nummernschema nun die Bezeichnung Em 826 641 trägt.

Weitere Beispiele sind die Lokomotiven der nicht elektrifizierten Güterbahn ST: Die Em 2/2 1 wurde 1965 zur Ablösung des Dampfbetriebes beschafft und leistete bis 1971 auch den dann eingestellten Personenverkehr. Von dieser dieselelektrischen Lokomotive wurden insgesamt neun Exemplare für verschiedene Privatbahnen und Werkbahnen gebaut, als elektrische Variante sind bei der GFM die Ee 2/2 91 und bei der OC die Gleichstrom-Lokomotiven Ee 2/2 1 und 2 im Einsatz. Die dieselhydraulische Em 2/2 2 der ST von 1976 entspricht den von der SBB für den Rangierdienst und für Arbeitszüge ab 1970 beschafften Tm IV, gleiche Traktoren finden wir als Tm 6 und 7 auch bei der BT und als Tm 181 bei der CJ.

Dieseltriebwagen

Triebwagen mit Verbrennungmotoren hat es immer nur als Einzelstücke oder Kleinstserien gegeben. Der schon 1902 von der SBB-Vorgängerin NOB beschaffte Benzol-Triebwagen Cm 1/2 ist ebensowenig erhalten geblieben wie der CFm 2/4 der SBB von 1925. Immerhin ist aber im VHS Luzern der weltweit als erster dieselelektrische Triebwagen geltende ABm 2/5 9 der RVT ausgestellt. Zwei dieser Fahrzeuge waren 1914 für die Sächsischen Staatsbahnen gebaut worden und nach Testfahrten bei der SBB und der BLS von 1924 bis 1965 bei der RVT im Einsatz.
Zusammen mit der NS hat die SBB 1957 für den TEE-Verkehr Diesel-Triebzüge mit sechsachsigem Triebkopf, zwei Zwischenwagen und Steuerwagen beschafft. Die imposanten RAm TEE I 501 und 502 sind schon 1971 ausrangiert und 1977 an die Ontario Northland Railway in Kanada verkauft worden, wo sie unter dem Namen »Northlander« eingesetzt wurden. Derzeit gibt es Bestrebungen, einige der noch vorhandenen Wagen in die Schweiz zurückzuholen.
Lediglich bei der erst 1965 elektrifizierten MThB sind Dieseltriebwagen über einen längeren Zeitraum erfolgreich eingesetzt worden. Den beiden BCFm 2/4 251 und 252 deutscher Bauart aus dem Kriegsjahr 1941 folgten ab 1949 die drei BCFm 2/4 6 bis 8, die nach der Elektrifizierung nach Österreich verkauft wurden. Bei ihrer deutschen Tochtergesellschaft für den Betrieb des »Seehäsle« Radolfzell–Stockach setzt die MThB nun auch wieder Dieseltriebwagen ein, beschafft wurden 1996 drei moderne Niederflur-Gelenktriebwagen Bm 596 (GTW 2/6) in Low-Cost-Bauweise, bei denen die gesamte Antriebsausrüstung in einem zentralen Mittelteil zusammengefaßt ist.

Diesellokomotiven und -triebwagen - Normalspur

Bahn	Serie	Nr.	Jahr	LüP mm	t	km/h	kW	Herst.	Anm.
SBB	Bm 4/4 II	18451+452	1939	14 900	66	75	611	SLM/BBC/Sulzer	
	Am 4/4	18461-467	1956	18 470	80	140	1 093	MaK	ex DB, ./.
MThB	Em 826	641	1972	8 340	30	60	309	Stadler/BBC	
ST	Em 2/2	1	1965	7 500	39	65	243	SIG/BBC/Saurer	
	Em 2/2	2	1976	7 650	30	60	280	SLM/MAN	
RVT	ABm 2/5	9	1914	21 300	64	75	185	Sulzer/BBC/Rastatt	VHS
SBB	RAm TEE I	501+502	1957	98 060	228	140	1 100	Werkspoor/SIG/BBC	./.
MThB	Bm 596 (GTW 2/6)		1996	37 144	21	130	420	Stadler/DWA/SLM/Adtranz	

Ae 6/8 BLS

Ae 6/8 205 der BLS

Bei ihrer Indienststellung im Jahre 1926 waren die bei Breda in Italien gebauten Maschinen die stärksten elektrischen Lokomotiven der Welt, mit ihnen konnte ein 610-t-Zug noch mit 50 km/h über die bis zu 28 ‰ steilen Lötschbergrampen gezogen werden. Jeweils zwei der zwölf Fahrmotoren wirken fest verkuppelt über den Sécheron-Federantrieb auf die sechs Treibachsen. Die von 1926 bis 1931 als Be 6/8 201 bis 204 gelieferten Lokomotiven besaßen eine Stundenleistung von 3300 kW, ihre Höchstgeschwindigkeit betrug zunächst 75 km/h. Eine zweite Serie 205 bis 208 wurde in den Jahren 1939 bis 1943 gebaut, sie leistete zunächst 3900 kW. Durch die gerundeten Stirnseiten mit geräumigeren Führerständen unterschieden sich diese bei der SLM gebauten Loks auch äußerlich von den ersten vier Maschinen, die ab 1939 im mechanischen Teil und 1955 auch im Aufbau der zweiten Serie angepaßt wurden. Bei einer weiteren Modernisierung erhielten ab 1961 alle acht Maschinen neue Transformatoren und Hochspannungs-Steuerungen, die Bremswiderstände wurden unter Verzicht auf einen der Stromabnehmer auf dem Dach installiert und die nun für 100 km/h zugelassenen Maschinen wurden in Ae 6/8 umgezeichnet. 1983 wurde mit der Ausrangierung begonnen, die zuletzt nur noch auf den Tallinien zu findenden Loks verschwanden 1995 aus dem Planeinsatz, die Loks 205, 206 und 208 sind aber noch als Betriebsreserve im Bestand.

Bahn	Serie	Nr.	Jahr	LüP mm	t	km/h	kW	Herst.
BLS	Ae 6/8	*201–204*	1926	20 260	140	100	4 400	Breda/SAAS
	Ae 6/8	205...208	1939	20 260	140	100	4 400	SLM/SAAS

Ae 4/7 10974 der SBB

Für die schweren Schnellzüge im Flachland wurde aus der erfolgreichen Serie Ae 3/6 I Mitte der zwanziger Jahre die Ae 4/7 entwickelt. Von 1927 bis 1934 sind insgesamt 127 Einheiten in Dienst gestellt worden. Die Stundenleistung der ersten Serie lag bei 2060 kW, sie konnte später auf 2300 kW gesteigert werden. Die Stundenzugkraft der je nach Lieferfirma mit unterschiedlichen Steuerungen ausgerüsteten Maschinen beträgt 128 kN. Für den Einsatz vor Schnellzügen am Gotthard und auf der Simplonstrecke erhielten die Maschinen 10973 bis 11002 eine elektrische Nutzstrombremse, mit einer LüP von 17100 mm sind sie etwas länger und mit 123 t schwerer als die anderen Lokomotiven. Abweichend von der Achsanordnung 2'Do1' mit Bisselachsen erhielten einige Maschinen zunächst Javagestelle mit der Anordnung 2'Co(A1'), diese wurden jedoch später umgebaut. Zur Führung schwerer Güterzüge in Doppeltraktion sind 22 Lokomotiven ab 1964 mit Vielfachsteuerung ausgerüstet worden. Mit dem Erscheinen der Re 4/4 II wurden die Ae 4/7 aus dem Reisezugdienst verdrängt, ihre Ausmusterung begann in den achtziger Jahre, bis zum Fahrplanwechsel 1997 sollen auch die letzten planmäßigen Einsätze der Vergangenheit angehören.

Bahn	Serie	Nummer	Jahr	LüP mm	t	km/h	kW	Herst.
SBB	Ae 4/7	10901...11027	1927	16 760	118	100	2 300	SLM/BBC/MFO/SAAS

Be 4/4 der EBT

Mit den Be 4/4 11 bis 16 nahm die BT ab 1931 als erste Normalspurbahn der Schweiz laufachslose Drehgestell-Lokomotiven für den Streckendienst in Betrieb, die EBT und die SMB stellten ab 1932 zehn im mechanischen und im elektrischen Teil weitgehend identische Maschinen in Dienst. Mit einer Stundenleistung von 1180 kW und einer Anfahrzugkraft von 112 kN waren die Loks für den Einsatz vor leichten Zügen auf Nebenbahnen ausreichend motorisiert. Sie sind mit der zu jener Zeit üblichen Hüpfer-Steuerung und mit Sècheron-Federantrieb ausgestattet. Die Maschinen der BT verfügen seit 1967 über Vielfachsteuerung, ab 1971 wurden auch die Be 4/4 der EBT-Gruppe entsprechend umgerüstet. Während die BT den Bestand im Laufe der Jahre auf zwei Maschinen reduzieren konnte, die heute fast nur noch als Betriebsreserve dienen, hat die EBT-Gruppe noch alle Be 4/4 im Einsatz.

Bahn	Serie	Nr.	Jahr	LüP mm	t	km/h	kW	Herst.	Anm.
BT	Be 4/4	11+12	1931	12 000	66	80	1 180	SLM/SAAS	
EBT	Be 4/4	101–108	1932	12 400	64	80	1 180	SLM/SAAS	EBT
	Be 4/4	171+172	1932	12 400	64	80	1 180	SLM/SAAS	SMB

Ae 4/4 und Ae 8/8

Ae 8/8 273 der BLS

Der BLS kommt die Ehre zu, ab 1944 mit der Reihe Ae 4/4 die ersten laufachslosen Bo'Bo'-Schnellzuglokomotiven der Welt beschafft zu haben. Bis 1955 wurden die acht Maschinen 251 bis 258 in Dienst gestellt, sie verfügen bei einer Stundenleistung von 2940 kW über eine Anfahrzugkraft von 216 kN. Sowohl der neuentwickelte BBC-Scheibenantrieb als auch die Ausrüstung mit Hochspannungs-Stufenschaltern, Widerstandsbremse und Vielfachsteuerung bewährten sich gut, durch die Steigerung der Höchstgeschwindigkeit von vorher 100 auf nun 125 km/h konnte der Reiseverkehr auf der Lötschbergbahn deutlich beschleunigt werden. Die guten Betriebserfahrungen führten für den schweren Güterzugdienst zum Bau der Doppellokomotive Ae 8/8, bei der es sich im Prinzip um zwei festgekuppelte Ae 4/4 handelt, die jeweils nur einen Führerstand aufweisen. Im Jahre 1959 nahm die Maschine 271 ihren Dienst auf, 1962/63 folgten zwei weitere und 1966, als die Ae 4/4 im Schnellzugdienst durch die Re 4/4 abgelöst werden konnte, ließ die BLS vier dieser Maschinen zu noch zwei Ae 8/8 umbauen. Zeitweise kamen die Ae 4/4 noch vor den Autopendelzügen zum Einsatz, heute sind sie wie auch die Ae 8/8 überzählig, einige werden eventuell ins Ausland verkauft.

Bahn	Serie	Nr.	Jahr	LüP mm	t	km/h	kW	Herst.
BLS	Ae 4/4	251...258	1944	15 600	80	125	2 940	SLM/BBC
	Ae 8/8	271...275	1959	30 230	160	125	6 480	SLM/BBC

Re 4/4 I 10024 der SBB (1.Serie)

Re 4/4 I 10050 der SBB (2.Serie)

Für die Leichtschnellzüge Genève–Bern–Zürich–St.Gallen hatte die SBB 1940 drei Gepäcktriebwagen RDe 4/4 beschafft, die wie die »Roten Pfeile« eine Höchstgeschwindigkeit von 125 km/h besaßen, sich mit einer Stundenleistung von 986 kW aber schon bald als nicht ausreichend erwiesen. Die positiven Erfahrungen der BLS mit den Ae 4/4 veranlaßte daher auch die SBB zur Beschaffung laufachsloser Bo'Bo'-Schnellzuglokomotiven ähnlicher Konstruktion, die jedoch zur Beförderung der Städtezüge im Flachland nur für eine Stundenleistung von 1850 kW ausgelegt wurden. Die dadurch erzielte Begrenzung der Achsfahrmasse auf 14 t ermöglichte die angestrebte Erhöhung der Kurvengeschwindigkeit um 10 km/h. Mit dem von BBC entwickelten Federantrieb, einer elektropneumatischen Hüpfersteuerung und einem neuartigen Transformatortyp entsprachen die Re 4/4 I dem damals neuesten Entwicklungsstand. Als erste Serie wurden ab 1946 die Maschinen 401 bis 426, später 10001 bis 10026, in Dienst gestellt. Zum Einsatz in Pendelzügen erhielten sie eine Vielfachsteuerung sowie Stirnwandtüren und einen auch für die Reisenden benutzbaren Seitengang, sie konnten damit an beliebiger Stelle im Zug eingereiht werden. Bei der 1950/51 gebauten zweiten Serie mit den heutigen Nummern 10027 bis 10050 wurden etwas stärkere Motoren mit einer Stundenleistung von 1900 kW installiert, dafür wurde auf den Seitengang und auf die Stirnübergänge verzichtet. Die beiden Serien sind dadurch auch heute noch leicht unterscheidbar, allerdings sind ab 1992 die Stirnwandtüren der älteren Maschinen fest verschlossen und mit einer Deckplatte versehen worden. Probehalber waren Loks der ersten Serie hellgrün und dunkelblau lackiert worden, die SBB entschied sich dann aber für die den Reisezugwagen entsprechende, dunkelgrüne Lackierung. Vier Maschinen der zweiten Serie erhielten speziell für die Beförderung des TEE »Rheingold« eine zweifarbige Lackierung in weinrot/creme. Heute tragen auch die Re 4/4 I bereits mehrheitlich die verkehrsrote Livree. Aus dem Schnellzugdienst sind sie inzwischen verdrängt worden, in jüngster Zeit kommen sie auch in Pendelzügen kaum noch zum Einsatz. In untergeordneten Diensten kann auf alle Re 4/4 I noch nicht völlig verzichtet werden, mit der Ausmusterung der ersten Maschinen wurde 1994 begonnen.

Bahn	Serie	Nr.	Jahr	LüP mm	t	km/h	kW	Herst.	Anm.
SBB	Re 4/4 I	10001...026	1946	14 700	57	125	1 850	SLM/BBC/ MFO/SAAS	1)
	Re 4/4 I	10027...050	1950	14 900	57	125	1 900	SLM/BBC/ MFO/SAAS	2)

1) urspr. Re 4/4 401 - 426
2) urspr. Re 4/4 427 - 450

Ae 6/6 SBB

Ae 6/6 11416 der SBB

Infolge der wirtschaftlichen Entwicklung nach dem Zweiten Weltkrieg stieg auch auf der Gotthard- und auf der Simplonbahn das Verkehrsaufkommen stark an und so führten die guten Erfahrungen mit der leichten Bauart Re 4/4 I von 1946 zur Entwicklung einer laufachslosen sechsachsigen Co'Co'-Lokomotive, die als Universaltyp für Schnellzüge und für schwere Güterzüge einsetzbar sein sollte. Mit einer Stundenleistung von 4300 kW und einer Anfahrzugkraft von 324 kN (Serie 392 kN) übertrafen die 1952/53 fertiggestellten Prototypen Ae 6/6 11401 und 11402 die bisher am Gotthard eingesetzten Maschinen bei weitem und lange Jahre trug die bis 1966 in insgesamt 120 Einheiten gebaute Serie den Großteil des Verkehrs auf den Bergstrecken. Die Loks bis zur Nummer 11425 unterscheiden sich von den späteren durch die auffälligen verchromten Zierstreifen; sie tragen die Wappen der Schweizer Kantone, während die anderen auf Kantons-Hauptorte und Verkehrszentren getauft wurden. Der lange Drehgestellradsatzstand von 4300 mm führte trotz der verschiebbar gelagerten äußeren Achsen zu recht hohen Abnutzungen der Spurkränze und Gleise und so wurden die Ae 6/6 ab Mitte der siebziger Jahre durch die Bo'Bo'Bo'-Bauart Re 6/6 von den kurvenreichen Bergstrecken ins Flachland verdrängt.

Bahn	Serie	Nr.	Jahr	LüP mm	t	km/h	kW	Herst.
SBB	Ae 6/6	11401+402	1952	18 400	124	125	4 300	SLM/BBC/SFO
	Ae 6/6	11403–520	1955	18 400	120	125	4 300	SLM/BBC/MFO

SOB, MThB, GFM **Ae 477** und **Ae 417**

Ae 477 909 der Lokoop AG

Ab 1963 beschaffte die Deutsche Reichsbahn der ehemaligen DDR insgesamt 292 Maschinen der Baureihe E 42 (später 242, zuletzt 142) für den Personen- und Güterzugdienst. Da diese Baureihe bei der DB zur Ausmusterung anstand, gründeten nach den guten Erfahrungen mit den beiden Mietloks der Reichsbahn-Baureihen 243 und 250 die SOB und die MThB gemeinsam die »Lokoop AG«, um mit der Übernahme von zunächst 21 Maschinen den akuten Triebfahrzeugmangel durch eine preisgünstige Occasion zu reduzieren. Zwei der nach heutigen Maßstäben recht primitiven, jedoch robusten Maschinen wurden an die GFM weiterverkauft, dort erhielten sie die neue Bezeichnung Ae 417, während die bei der SOB immatrikulierten Maschinen der Lokoop zunächst die Bezeichnung Ae 476 trugen, 1996 jedoch in Ae 477 umgezeichnet wurden.
Wegen der Gefällstrecken der SOB war die Nachrüstung einer elektrischen Bremse nötig, für den Widerstandsblock wurde auf dem Dach durch Entfernung eines Pantografen Platz geschaffen. Für den Einsatz in Pendelzügen oder Mehrfachtraktion wurde die Vielfachsteuerung IIId eingebaut. Soweit nicht Werbelackierungen angebracht wurden, sind die Lokoop-Maschinen noch in der roten Reichsbahn-Lackierung im Einsatz, die Ae 417 der GFM erhielten eine neue Lackierung in den Hausfarben orange/silbergrau.

Bahn	Serie	Nr.	Jahr	LüP mm	t	km/h	kW	Herst.	Anm.
SOB/MThB	Ae 477	900–914	1963	16 260	83	100	2 920	LEW	*
GFM	Ae 417	191+192	1963	16 260	83	100	2 920	LEW	

* Eigentum der Lokoop AG, im Einsatz bei der SOB und der MThB

Re 4/4 II 11122 der SBB (1. Serie)

Re 4/4 II 11187 der SBB (2. Serie)

Zu Beginn der sechziger Jahre als Ablösung für die noch zahlreich vorhandenen Vorkriegs-Lokomotiven entwickelt, wurde diese universelle Bauart zur stückzahlstärksten und erfolgreichsten Elektrolok der Schweiz. Im Gegensatz zur etwa gleichzeitig in Dienst gestellten Re 4/4 der BLS besitzt die SBB-Lok zwar noch einen herkömmlichen Antrieb mit Wechselstrommotoren, die äußerst gelungene Konstruktion bewährte sich aber so gut, daß über einen Beschaffungszeitraum von zwei Jahrzehnten hinweg insgesamt 296 Maschinen für die SBB und weitere 7 für Privatbahnen gebaut wurden.
Die Prototypen 11201 bis 206 (heute 11101 bis 106) konnten ab 1964 in ausführlichen Versuchsfahrten, die insbesondere dem Adhäsionsverhalten und der Kurvenläufigkeit galten, ihre Eignung unter Beweis stellen. Die mit 2800 mm Achsstand sehr kompakten, untereinander quergekuppelten Drehgestelle und der Verzicht auf herkömmliche Drehzapfen zugunsten tiefliegender Zugstangen ermöglichten zusammen mit dem BBC-Hohlwellenantrieb und einer querelastischen Radsatzlagerung ein ausgezeichnetes Adhäsionsverhalten und die gewünschte Zulassung als Reihe R mit einer um 10 km/h erhöhten Kurvengeschwindigkeit. Die notwendigen Werte wurden damit erstmals mit einer Lok erreicht, die die 20-t-Achslastgrenze voll ausschöpfte. Die maximale Zugkraft der Lokomotiven liegt bei 255 kN, die Stundenzugkraft bei 167 kN. Zur angestrebten Beschleunigung des Reiseverkehrs wurde die Höchstgeschwindigkeit auf 140 km/h festgelegt, die zunächst jedoch streckenbedingt noch kaum gefahren werden konnten. Durch die Vielfachsteuerung ist sowohl Doppeltraktion – mit den Triebwagen RBe 4/4 und den folgenden Lok-Baureihen – als auch in Pendelzügen möglich. Die Loks besitzen energiesparende Rekuperationsbremsen, zur Gewichtsreduzierung wurden sie nur mit einem Scherenstromabnehmer ausgerüstet.
1967 begann die Lieferung der 49 Maschinen umfassenden ersten Serie 11107 bis 155. Die acht Lokomotiven 11103, 106, 108, 109, 112, 113, 133 und 141 wurden für den Einsatz als »Swiss-Express« mit den neuentwickelten Einheitswagen III ab 1972 mit automatischen Kupplungen ausgerüstet. Wie die Wagen erhielten sie eine vom üblichen Grün abweichende Lackierung in Orangerot-Steingrau. 1986 erhielten die Loks mit dem Umbau der Wagen zu Pendelzügen normale Zug- und Stoßeinrichtungen, bei folgenden Hauptrevisionen wurden sie auch in das heute übliche Verkehrsrot umlackiert.
Eine mit der SBB-Serie gebaute fünfzigste Lok wurde 1967 als Re 4/4 41 von der SOB in Dienst gestellt. Für den Einsatz auf den bis zu 50 ‰ steilen Strecken wurde jedoch zugunsten einer höheren Zugkraft das Übersetzungsverhältnis geändert, die Höchstgeschwindigkeit musste dabei auf 120 km/h reduziert werden.
Von 1969 bis 1983 wurden als zweite Serie die Maschinen 11156 bis 349 beschafft. Sie sind mit ein wenig stärker geneigten Frontseiten etwas länger als die erste Serie und tragen nun zwei Einholmstromabnehmer, da sich der Verzicht auf den zweiten Pantographen bei Doppeltraktion gelegentlich als unvorteilhaft erwiesen hatte. Für den Einsatz vor TEE-Zügen trugen aus dieser Serie die Loks 11158 bis 161 und 11249 bis 253 eine zweifarbige Lackierung in Weinrot/Creme. Mit der zweiten SBB-Serie erhielten 1969 als weitere Privatbahnen die EBT ihre Re 4/4 111 und 112 und die MThB die Re 4/4 21.

Re 4/4 III 11362 der SBB

Re 4/4 181 der SMB (EBT-Gruppe)

Speziell für den Einsatz am Gotthard wurden von der SBB 1971 die zwanzig Lokomotiven 11351 bis 370 in Dienst gestellt, bei ihnen ist ähnlich wie bei der SOB-Maschine das Übersetzungsverhältnis geändert. Die durch den Bauart-Index III zu unterscheidenden Lokomotiven haben nur eine Höchstgeschwindigkeit von 125 km/h, die Zugkraft konnte jedoch auf 280 kN gesteigert werden.
Von 1984 bis 86 erhielt die SBB schließlich als dritte Serie die Re 4/4 II 11371 bis 397. Damit entschied man sich letztmals zum Weiterbau dieser bewährten Serie, obwohl mit der Re 4/4 IV eine modernere Konstruktion zur Verfügung stand, deren Kinderkrankheiten jedoch noch Sorgen machten. Im Zusammenhang mit dieser dritten Serie sind 1983 für die EBT-Gruppe die drei Re 4/4 113 (EBT), 141 (VHB) und 181 (SMB) gebaut worden.
1985 hatte die SBB ihre drei Re 4/4 III 11351 bis 353 an die SOB verkaufen können, sie kamen jedoch 1995 zusammen mit der SOB-Lok 41 von 1967 zurück in den SBB-Bestand, die Südostbahn erhielt dafür im Tausch die vier Prototyplokomotiven Re 4/4 IV.
Als Universallokomotiven haben sich die Re 4/4 II vor Reise- wie vor Güterzügen aller Art bestens bewährt und bilden auch nach Indienststellung der Re 4/4 460 das eigentliche Rückgrat der Zugförderung. Im hochwertigen Schnellzugverkehr von den »Lok 2000« entlastet, kommen sie verstärkt auch in Pendelzügen sowie als Doppeltraktion im Güterverkehr zum Einsatz. Auf den Bergstrecken werden die Re 4/4 III vielfach in Doppeltraktion mit den Re 6/6, aber auch als Zwischen- oder Schiebelokomotiven eingesetzt. 1995 erhielt die EBT-Lok 111 anläßlich einer Umlackierung als erste Re 4/4 die Nummer 436 111 nach dem neuen Kennzeichnungssystem.

Bahn	Serie	Nr.	Jahr	LüP mm	t	km/h	kW	Herst.	Anm.
SBB	Re 4/4 II	11101–106	1964	14 800	80	140	4 700	SLM/BBC/MFO	
	Re 4/4 II	11107–155	1967	14 900	80	140	4 700	SLM/BBC/MFO/SAAS	
	Re 4/4 II	11156–349	1969	15 410	80	140	4 700	SLM/BBC/MFO/SAAS	
	Re 4/4 II	11371–397	1984	15 510	80	140	4 700	SLM/BBC/MFO/SAAS	
	Re 4/4 III	11350	1967	14 900	80	125	4 700	SLM/BBC/MFO/SAAS	1)
	Re 4/4 III	11351–370	1971	15 410	80	125	4 700	SLM/BBC/MFO/SAAS	2)
EBT	Re 436	111–113	1969	15 410	80	120	4 700	SLM/BBC/MFO/SAAS	EBT
	Re 4/4	141	1983	15 410	80	120	4 700	SLM/BBC/MFO/SAAS	VHB
	Re 4/4	181	1983	15 410	80	120	4 700	SLM/BBC/MFO/SAAS	SMB
MThB	Re 4/4 II	21	1969	15 410	80	140	4 700	SLM/BBC	

1) bis 1995 SOB 41
2) 11351-353 von 1985 bis 1995 SOB 42-44

Re 4/4 BLS

Re 4/4 178 der GBS (BLS-Gruppe)

Während die SBB bei den Re 4/4 II die bewährte Direktmotor-Technik beibehielt, wagte die BLS bei der zeitgleichen Beschaffung neuer, im mechanischen Teil eng verwandter Lokomotiven den Schritt zur Halbleitertechnik mit Gleichrichter-Dioden und Wellenstrommotoren. 1964 wurden zunächst die Ae 4/4 II 261 und 262 geliefert, 1967 folgten drei weitere Lokomotiven 263 bis 265. Sie erreichen eine maximale Zugkraft von 314 kN. Als erste Streckenlok der Schweiz wurde 1968 die Maschine 261 versuchsweise mit stufenloser Thyristorsteuerung ausgestattet. Die ab 1970 beschaffte Serie erhielt seitenverschiebbare Achsen, nach Anpassungsarbeiten an den Drehgestellen der ersten Loks tragen alle die Bezeichnung Re 4/4 und eine mit 161 beginnende Numerierung. Sieben weitere Loks wurden 1972 in Dienst gestellt, diesmal auch unter Beteiligung der mitbetriebenen Bahnen BN, GBS und SEZ. Weitere Maschinen sind 1974 und 1982 beschafft worden, letztere unterscheiden sich durch den Einholm-Stromabnehmer von den älteren Serien. Die 35 Maschinen kommen als Universalloks vor Reise- wie vor Güterzügen zum Einsatz, die Vielfachsteuerung erlaubt auch Doppeltraktion und den Einsatz in Pendelzügen.

Bahn	Serie	Nr.	Jahr	LüP mm	t	km/h	kW	Herst.	Anm.
BLS	Re 4/	161–165	1964	15 100	80	140	4 990	SLM/BBC	1)
	Re 4/4	166–173	1970	15 100	80	140	4 990	SLM/BBC	
	Re 4/4	174–195	1972	15 470	80	140	4 990	SLM/BBC	2)

1) urspr. Ae 4/4 261-265
2) Lok 177 SEZ, 178 GBS, 179/180 BN

Re 6/6 11659 der SBB

Die 1972 zunächst in vier Prototypen gebaute SBB-Serie Re 6/6 ist mit einer Stundenleistung von 7900 kW auch heute noch die stärkste Serienlok der Schweiz. Um als Reihe R mit einer erhöhten Kurvengeschwindigkeit zugelassen zu werden, wählte man die Achsfolge Bo'Bo'Bo', diese etwas aufwendigere Bauart erwies sich im Vergleich mit der Co'Co'-Lok Ae 6/6 auch in Bezug auf die Spurkranz- und Gleisabnutzung als vorteilhaft. Die ersten beiden Maschinen 11601 und 11602 erhielten zudem einen geteilten Lokkasten mit horizontalem Gelenk. Diese Konstruktion erwies sich jedoch für den ab 1975 aufgenommenen Serienbau als nicht notwendig, da auch in Gefällebrüchen die weichere Abfederung des mittleren Drehgestells für eine gleichmäßige Masseverteilung ausreicht. Die Drehgestelle sind von der Universallokomotive Re 4/4 II weiterentwickelt, die stärkeren Fahrmotoren sind eine Neukonstruktion. Die Anfahrzugkraft beträgt 398 kN, die Stundenzugkraft 270 kN. Das Haupteinsatzgebiet der bis 1980 gebauten 85 Maschinen, die in der äußeren Gestaltung der Re 4/4 sehr ähnlich sind, sind Güterzüge und schwere Reisezüge auf der Gotthardstrecke, oft sind sie dort auch in Doppeltraktion mit Lokomotiven der Reihen Re 4/4 II oder III zu sehen.

Bahn	Serie	Nr.	Jahr	LüP mm	t	km/h	kW	Herst.
SBB	Re 6/6	11601–604	1972	19 310	120	140	7 900	SLM/BBC/SAAS
	Re 6/6	11605–689	1975	19 310	120	140	7 900	SLM/BBC/SAAS

Re 446 SOB

Re 446 447 der SOB

1982 wurden von der SBB die vier Prototypen 10101 bis 104 der als Hochleistungs-Universallokomotive konzipierten Reihe Re 4/4 IV in Dienst gestellt. Der wesentliche Fortschritt bei dieser als erste Baureihe der Schweiz für 160 km/h zugelassenen Lok besteht in der Anwendung der Gleichrichtertechnik mit thyristorgesteuerten Wellenstrommotoren. Mit einer maximalen Zugkraft von 300 kN war die Re 4/4 IV damals die stärkste Bo'Bo'-Lokomotive der Schweiz. Der von Schmalspur-Fahrzeugen bekannte Stahlleichtbau mit gesickten Seitenwänden hielt mit diesen Loks auch bei der Normalspur Einzug. Bei ihrer Indienststellung fungierten sie auch als Erprobungsträger für verschiedene Farbdesigns, die rote Lackierung mit einem großen SBB-Logo wurde zum Vorbild für die »Lok 2000«. Ein Serienbau der Re 4/4 IV unterblieb nicht so sehr wegen konstruktiver Mängel, sondern weil zunächst aufgrund des Verkehrsrückgangs kein Bedarf bestand und später die technische Entwicklung zum Drehstromantrieb mit Asynchronmotoren wies. So blieben die vorwiegend vor Schnellzügen im Rhônetal eingesetzten Maschinen ungeliebte Einzelgänger, bis sie 1995 im Tausch gegen deren Re 4/4 III an die SOB abgegeben werden konnten, wo sie die neue Bezeichnung Re 446 und zum Teil Werbelackierungen erhielten.

Bahn	Serie	Nr.	Jahr	LüP mm	t	km/h	kW	Herst.	Anm.
SOB	Re 446	445–448	1982	15 800	80	160	5 050	SLM/BBC	1)

1) bis 1995 SBB Re 4/4 IV 10101-104

Re 456 (KTU-Lok)

Re 4/4 95 der BT

Diese Lokomotiven ähneln äußerlich den früheren Re 4/4 IV der SBB (heute SOB Re 446). Sie gehören jedoch zu einer neuen Generation, denn sie sind die ersten Streckenfahrzeuge der Schweiz in Umrichtertechnik mit Drehstrom-Asynchronmotoren und GTO-Thyristoren. Die Bezeichnung »KTU-Lok« bezieht sich auf ihre Entwicklung speziell für Privatbahnen (»Konzessionierte Transport-Unternehmungen«). Die Stundenleistung beträgt zwar nur relativ bescheidene 3200 kW, sie ist damit jedoch den Betriebsbedürfnissen angepaßt und ermöglicht eine Dienstmasse von nur 69 t. Die Anfahrzugkraft liegt bei 240 kN. Abgesehen vom individuellen Farbdesign der drei Privatbahnen unterscheiden sich die KTU-Lokomotiven auch durch den Verzicht auf gesickte Seitenwände und durch die einteiligen Stirnfenster von den Re 4/4 IV. Im Jahre 1987 wurden sechs Re 4/4 91 bis 96 für die BT und zwei Re 4/4 46 und 47 für die SZU gebaut. Die BT-Lok 93 erhielt 1994 eine bunte Sonderlackierung »Voralpen-Express«, die Lok 92 wurde später an die Industrie für den Neitec-Versuchszug ausgeliehen. 1993 erhielt die SZU vier weitere und die zur EBT-Gruppe gehörende VHB zwei Maschinen.

Bahn	Serie	Nr.	Jahr	LüP mm	t	km/h	kW	Herst.	Anm.
BT	Re 4/4	91–96	1987	16 600	69	130	3 200	SLM/BBC	
SZU	Re 456	546+547	1987	16 600	69	130	3 200	SLM/BBC	
	Re 456	542–545	1993	16 600	69	130	3 200	SLM/ABB	
EBT	Re 456	142+143	1993	16 600	69	130	3 200	SLM/ABB	VHB

Re 4/4 46 (heute Re 456 546) der SZU

Re 456 143 der VHB (EBT-Gruppe)

Re 450 019 der SBB

Die einschließlich der jüngsten Bauserie 115 Maschinen umfassende Reihe Re 450 wurde speziell für die Doppelstock-Pendelzüge der S-Bahn Zürich beschafft. Die während der Entwicklung noch nach dem klassischen Schema als Re 4/4 V bezeichneten Lokomotiven erhielten bei der 1989 begonnenen Indienststellung als erste Maschinen der SBB nach dem neuen Nummernschema die Bezeichnung Re 450 000ff. Im elektrischen wie auch im mechanischen Teil sind sie eng verwandt mit den zuvor beschriebenen KTU-Loks von 1987, neu entwickelt wurde jedoch der Lenkschiebelager-Antrieb mit Radial-Einstellung der Radsätze. Äußerlich erinnern die Re 450 wenig an die Reihe Re 456, da der Kasten weitgehend den Doppelstockwagen angeglichen wurde. Im Gegensatz zu ihnen können allerdings die Lokomotiven dank einem geringfügig kleineren Profil auf dem gesamten SBB-Netz verkehren. Sie besitzen nur einen Führerstand und am hinteren Fahrzeugende ein Gepäckabteil sowie einen gummiwulstgeschützten Stirnwandübergang. In Mehrfachtraktion können drei vierteilige Pendelzüge zusammen verkehren, sowohl die Loks wie die Bt-DS-Steuerwagen sind zur schnelleren betrieblichen Trennung mit automatischen Kupplungen ausgerüstet.

Bahn	Serie	Nr.	Jahr	LüP mm	t	km/h	kW	Herst.
SBB	Re 4/4 450	000–114	1989	18 400	78	130	3 200	SLM/ABB

Re 460 SBB

Re 460 031 der SBB

Zur Realisierung des Konzeptes »Bahn 2000« wurde auch die Entwicklung einer schnellfahrenden Hochleistungs-Lokomotive notwendig. Hierbei ist trotz zahlreicher neu zu entwickelnden Komponenten auf den Bau von Prototypen verzichtet worden, die ersten Loks der zunächst noch als Re 4/4 VI bezeichneten Reihe konnten 1992 in Dienst gestellt werden. Von den bislang 119 Lokomotiven sind 75 für den Huckepackverkehr am Gotthard bestimmt, wo die Re 460 auch in Vielfachtraktion eingesetzt wird. Ihre Maximalleistung beträgt 6100 kW, die maximale Zugkraft 300 kN. Die für eine Höchstgeschwindigkeit von 230 km/h ausgelegte Maschine darf auf dem Streckennetz der SBB vorerst jedoch nur mit maximal 200 km/h verkehren. Die aerodynamisch optimierte Form des Lokkastens wurde von dem italienischen Stardesigner Pininfarina gestaltet. Die schnittigen Führerkabinen aus Glasfaser-Verbund-Werkstoff, die Dachschale mit den darin eingebetteten Pantographen und die umlaufende Schürzenverkleidung geben die Re 460 ein unverwechselbares Aussehen, daß auch durch die gesickten Seitenwände nur wenig beeinträchtigt wird. Neu ist auch, daß die »Lok 2000« mit großem Erfolg als Träger für Ganzwerbung angeboten wird.

Bahn	Serie	Nr.	Jahr	LüP mm	t	km/h	kW	Herst.
SBB	Re 4/4 460	000–118	1992	18 500	84	230	6 100	SLM/ABB

Re 465 004 der BLS

Mit vorerst acht Maschinen hat sich die BLS der Beschafffung der SBB-Reihe Re 460 angeschlossen. Wegen der speziellen Anforderungen auf den Steilrampen der Lötschbergstrecke wurde die Hochleistungs-Lokomotive jedoch noch weiter optimiert: Als wesentlichen Unterschied besitzen die ab 1994 als Re 465 in Dienst gestellten BLS-Maschinen eine Einzelachssteuerung, die gegenüber der drehgestellweisen Steuerung der SBB-Loks durch die individuelle Zugkrafteinstellung das Adhäsionsverhalten weiter verbessert. Die Maximalleistung konnte auf 7000 kW gesteigert werden, die maximale Zugkraft beträgt 320 kN. Vergleicht man die Daten der nur 140 km/h schnellen Re 4/4 von 1964 mit denen der technisch für 230 km/h ausgelegten Re 465, so wird deutlich, welchen Fortschritt die elektrische Traktion vor allem durch die Umrichtertechnik mit Drehstrom-Asynchron-Motoren und Thyristor-Steuerung gemacht hat. Für den NEAT-Verkehr auf der Lötschberg-Simplon-Achse hat die SBB zehn Maschinen gleicher Bauart bestellt, die allerdings in den BLS-Park eingestellt und auch die blaue Lackierung der Lötschberg-Lokomotiven tragen sollen.

Bahn	Serie	Nr.	Jahr	LüP mm	t	km/h	kW	Herst.
BLS	Re 465	001–008	1994	84	18 500	230	7 000	SLM/ABB
SBB	Re 465	009–018	1996	84	18 500	230	7 000	SLM/ABB

Bm 6/6 18510 der SBB

Für den schweren Rangierdienst, aber auch als fahrdrahtunabhängige Reserve für den Streckeneinsatz beschaffte die SBB 1954 zunächst vier Prototypen der Serie Bm 6/6. Diese dieselelektrischen Lokomotiven mit Mittelführerstand besitzen symmetrische Vorbauten mit zwei unabhängig voneinander arbeitenden Antriebsgruppen aus Sechszylinder-Dieselmotor, Generator und Fahrmotoren. Diese Konstruktion ermöglicht es, im Rangierdienst mit nur einer Antriebsgruppe wirtschaftlich zu arbeiten, während auf der Strecke beide Dieselmotoren zum Einsatz kommen. Weitere zehn Maschinen wurden von 1959 bis 1961 in Dienst gestellt, sie erhielten schon ab Werk die charakteristischen Schalldämpfer auf dem Führerhausdach, mit dem die Prototypen nachgerüstet wurden.

Bahn	Serie	Nr.	Jahr	LüP mm	t	km/h	kW	Herst.
SBB	Bm 6/6	18501–514	1954	17 560	106	75	956	SLM/Sulzer/BBC/SAAS

Bm 4/4

Bm 4/4 18438 der SBB

Die 1960 von der SBB zunächst in sechs Exemplaren beschafften Bm 4/4 sind zwar vorwiegend für den mittelschweren Rangierdienst gedacht, die dieselelektrischen Lokomotiven sind jedoch für eine Höchstgeschwindigkeit von 75 km/h ausgelegt, um auch im Streckendienst, beispielsweise vor Hilfszügen, eingesetzt werden zu können. Bei einer Stundenleistung von 620 kW beträgt die Zugkraft 128 kN. Die Maschinen haben einen Endführerstand, unter dem langen Vorbau verbirgt sich ein Zwölfzylinder-Motor. Erstmals weisen diese Rangierlokomotiven eine elektrische Widerstandsbremse auf und sie wurden für die seinerzeit wieder einmal verstärkt propagierte Umstellung der europäischen Eisenbahnen auf automatische Kupplungen vorbereitet. Da sie sich im Einsatz bewährten, wurden 1964 zunächst 20 Serienlokomotiven beschafft, 1970 folgten weitere 20, die abgesehen von der mit 13 710 mm etwas längeren LüP mit den ersten Maschinen nahezu identisch sind.

Bahn	Serie	Nr.	Jahr	LüP mm	t	km/h	kW	Herst.
SBB	Bm 4/4	18401–446	1960	12 650	72	75	620	SLM/SAAS

Am 6/6

SBB

Am 6/6 18522 der SBB [Foto: SBB]

Auch die 1976 für den schweren Rangierdienst beschafften dieselelektrischen Am 6/6 18521 bis 526 können bei Bedarf im Streckendienst eingesetzt werden. Wie die Bm 6/6 besitzen sie ein Mittelführerhaus, im elektrischen Teil sind sie jedoch als erste Serienmaschinen der SBB mit Drehstrom-Asynchronmotoren ausgerüstet worden. Die vom Generator erzeugte Energie wird hierbei über zwei Wechselrichter mit einem Gleichspannungs-Zwischenkreis den Fahrmotoren zugeführt. Besonders beim Anfahren unter schwerer Last ist die stufenlose elektronische Steuerung von Vorteil. Mit einer Zugkraft von 393 kN nimmt die Serie Am 6/6 eine Spitzenstellung unter den SBB-Fahrzeugen ein. Eng mit ihr verwandt im äußeren Erscheinungsbild wie auch im elektrischen Teil sind die 1980 in Dienst gestellten Rangierlokomotiven Ee 6/6 II 16811 bis 820.

Bahn	Serie	Nr.	Jahr	LüP mm	t	km/h	kW	Herst.
SBB	Am 6/6	18521–526	1976	17 400	111	85	1 440	Thy/CA/BBC

Am 841 der SBB

Diese ab 1996 von der SBB in 40 Exemplaren beschafften dieselelektrischen Lokomotiven sind nicht nach speziellen Vorgaben der Bahn entstandene Neuentwicklungen, sondern ein preiswerter Kauf »von der Stange«. Hersteller ist die spanische Tochtergesellschaft des Alsthom-Konzerns, dort läuft die Lokomotive unter der Typ-Bezeichnung GA-DE 900/AS und stellte eine Weiterentwicklung der für die spanische Staatsbahn RENFE ab 1990 gebauten Serie 311 dar. Der Achtzylinder-V-Motor treibt einen Drehstrom-Generator, dessen Energie über luftgekühlte Umrichter den Asynchron-Fahrmotoren zugeführt wird. Die Lokomotiven besitzen einen hohen und damit gute Sicht gewährleistenden Mittelführerstand und niedrige Vorbauten. Mit einer Höchstgeschwindigkeit von 80 km/h, einer Stundenleistung von 920 kN und einer Anfahrzugkraft von 195 kN kann sie sowohl den Aufgaben im mittelschweren Rangierdienst wie auch dem Streckendienst vor schweren Bauzügen, aber auch leichten Güterzügen, gerecht werden.

Bahn	Serie	Nr.	Jahr	LüP mm	t	km/h	kW	Herst.
SBB	Am 841	000–39	1996	14 160	73	80	920	Alsthom/MTU/SLM

RAe 2/4 und **RBe 2/4** SBB, OeBB

RBe 2/4 202 der OeBB

Zwar stehen die »Roten Pfeile« heute nicht mehr im Planeinsatz, für Sonderfahrten sind sie aber weiterhin sehr beliebt und als Wegbereiter des modernen Triebwagenbaues sollen sie hier nicht unerwähnt bleiben: Ab 1935 beschaffte die SBB insgesamt sieben CLe 2/4 sowie zwei CLm 2/4, die später zu elektrischen Fahrzeugen umgebaut wurden. Mit den 125 km/h schnellen Leichttriebwagen konnte der Betrieb auf Nebenstrecken kostengünstiger und attraktiver gestaltet werden. Die seinerzeitigen RCe 2/4 601 und 602 wurden 1952/53 modernisiert und dabei um etwa 2600 mm verlängert. Später genügten die als Solo-Fahrzeuge konzipierten Fahrzeuge jedoch selbst mit den speziell beschafften Beiwagen nicht mehr den Anforderungen, ab 1964 begann ihre Ausmusterung. Der zum RAe 2/4 hochgestufte Triebwagen 1001 (ehem. 201/601) zählt heute zu den historischen Fahrzeugen der SBB, während der RBe 2/4 1007 seit 1974 mit der Nummer 202 bei der OeBB beheimatet ist. Dort war er zunächst in der Hausfarbe hellblau lackiert worden, trägt aber seit einer Revision 1989 wieder seine originale rote Lackierung. Mit dem RCe 2/4 203 zählt auch einer der »Roten Pfeile« zu den Exponaten im VHS Luzern.

Bahn	Serie	Nr.	Jahr	LüP mm	t	km/h	kW	Herst.	Anm.
SBB	RAe 2/4	1001	1935	25 200	41	125	395	SLM/BBC/MFO/SAAS	
	RCe 2/4	203	1936	22 400	38	125	395	SLM/BBC/MFO/SAAS	VHS
OeBB	RBe 2/4	202	1938	22 400	38	125	395	SLM/BBC/MFO/SAAS	1)

1) urspr. CLe 2/4 207, bei SBB zuletzt RBe 2/4 1007, 1974 an OeBB

BDe 4/6

BDe 4/6 102 der STB

1938 wurden von der BLS für den 1935 erfolgreich eingeführten Leichtverkehr die »Blauen Doppelpfeile« BCFZe 4/6 731, 736 und 737 beschafft. Für diese Doppeltriebwagen charakteristisch sind die beiden angetriebenen Enddrehgestelle und das für beide Wagenkästen gemeinsame Laufdrehgestell. Die mit einer Stundenleistung von 710 kW recht starke Motorisierung erlaubte auch auf den Bergstrecken der BLS das Mitführen zusätzlicher Anhängelasten bis zu 60 t. Die durch die Indienststellung der NPZ-Triebwagen bei der BLS nicht mehr benötigten ABDZe 4/6 wurden 1985 an die STB abgegeben, dort diente der Triebwagen 737 als Ersatzteilspender, während die beiden anderen zu den heutigen BDe 4/6 102 und 103 umgebaut wurden. Das Sitzplatzangebot konnte durch den Verzicht auf das Postabteil und die erste Klasse von 128 auf 166 angehoben werden, auffällig ist die zum Alter der Fahrzeuge nicht so recht passende Lackierung in hellgrün und steingrau mit blauem Zierstreifen.

Bahn	Serie	Nr.	Jahr	LüP mm	t	km/h	kW	Herst.	Anm.
STB	BDe 4/6	102+103	1938	41 800	80	110	710	SIG/SAAS	1)

1) ursprüngl. BLS BCFZe 4/6 731/736, nach Umbau 1985 an STB

ABe 4/4 und **Be 4/4** SOB, STB

ABe 4/4 14 der SOB

Anläßlich der Aufnahme des elektrischen Betriebes erhielt die SOB 1939/40 acht Leichttriebwagen, die wegen ihrer großzügigen Fensterflächen schon bald den Übernamen »Glaswagen« trugen. Die ursprünglichen ABDZe 4/4 1 bis 4 und BDZe 4/4 11 bis 14 wurden ab 1949 zu ABe 4/4 umgebaut und erhielten in der Folgezeit mehrfach andere Nummern. Schon 1958 und 1964 sind die Triebwagen 11 und 13 an die STB verkauft worden. Dort wurden sie in Be 4/4 umgebaut und erhielten die Nummern 106 und 107. Seit 1985 stehen sie nicht mehr im planmäßigen Einsatz, der Be 4/4 107 wurde 1993 abgebrochen. Bei der SOB sind vier Triebwagen in den Jahren 1979 bis 1982 modernisiert worden, seither tragen diese ABe 4/4 11 bis 14 (ehem. 4, 13, 2 und 1) eine auffällige Lackierung in orange mit hellgrauer Bauchbinde. Der ABe 4/4 3 wurde als Ersatzteilspender ausrangiert und inzwischen abgebrochen. Seit der Indienststellung der NPZ-Triebwagen sind die alten Leichttriebwagen im Regeleinsatz entbehrlich, der ABe 4/4 12 fiel im Februar 1996 einem Brand zum Opfer.

Bahn	Serie	Nr.	Jahr	LüP mm	t	km/h	kW	Herst.	Anm.
SOB	ABe 4/4	11..14	1940	19 600	47	80	735	SWS/SIG/SLM/MFO/ BBC/SAAS	
STB	Be 4/4	106	1939	19 600	44	80	735	SLM/SIG/MFO/BBC/SAAS	1)

1) ehem. BDZe 4/4 13 der SOB, 1958 an STB

BLS, OeBB, RVT **ABDe 4/8 u. ABDe 537**

ABDe 4/8 750 der BLS

Die ersten drei Doppeltriebwagen mit der Achsfolge 2'Bo'+Bo'2' wurden 1945 von der BLS-Gruppe als BCFe 4/8 741 bis 743 beschafft. Von 1954 bis 1957 sind die fünf weiteren Einheiten 746 bis 750 in Dienst gestellt worden. Die dritte Serie 751 bis 755, die sich von den Vorgängern schon auf den ersten Blick durch die moderneren Stirnpartien mit stark gebogenen Frontfenstern unterscheidet, folgte 1964. Ende der sechziger Jahre wurden bei der zweiten Serie die »hinteren« Führerstände durch normale Übergänge ersetzt, die mit Vielfachsteuerung ausgerüsteten Triebwagen sind seither meist mit Steuerwagen sowie ggf. Zwischenwagen im Einsatz. Ab 1977 wurde bei den ABDe 4/8 746 bis 755 die elektrische Ausrüstung modernisiert und die Höchstgeschwindigkeit von 110 auf 125 km/h angehoben. Eine ursprünglich geplante Umrüstung zu Mehrsystem-Fahrzeugen für den durchgehenden Verkehr nach Italien wurde nie realisiert. Von den drei ältesten Triebwagen sind zu Beginn der neunziger Jahre die ABDe 4/8 741 und 742 an die OeBB verkauft worden, den 743 hat später die RVT übernommen, wo er heute unter der neuen Bezeichnung ABDe 537 313 verkehrt.

Bahn	Serie	Nr.	Jahr	LüP mm	t	km/h	kW	Herst.	Anm.
BLS	ABDe 4/8	746–750	1954	47 460	99	125	1 180	SIG/BBC/SAAS	
	ABDe 4/8	751–755	1964	47 800	102	125	1 180	SIG/BBC/SAAS	1)
OeBB	ABDe 4/8	244+245	1945	46 800	85	110	700	SIG/SAAS	2)
RVT	ABDe 537	313	1945	46 800	85	110	700	SIG/SAAS	2)

1) 752 SEZ, 743 GBS, 751, 754, 755 BN 2) ehem. ABDe 4/8 741-743 der BLS-Gruppe

BDe 4/4 SBB

BDe 4/4 1651 der SBB

Von 1952 bis 1955 stellte die SBB für den Einsatz auf Vorort- und Nebenlinien insgesamt 31 Triebwagen der Serie BDe 4/4 in Dienst. Um als Solofahrzeuge verkehren zu können, erhielten sie neben 40 Sitzplätzen auch ein Gepäckabteil, die Motorisierung wurde mit einer Stundenleistung von 1180 kW und einer Anfahrzugkraft von 95 kN ausreichend dimensioniert, um auch Pendelzüge mit ABt-Steuerwagen und Leichtstahl-Zwischenwagen bilden zu können. Zum Teil erhielten die BDe 4/4 den BBC-Scheibenantrieb, zum Teil den Lamellenantrieb von SAAS. Die zunächst auf 100 km/h begrenzte Höchstgeschwindigkeit wurde später auf 110 km/h angehoben, sechs der Triebwagen sind für Pendelzüge mit Einmannbetrieb ausgerüstet worden. Nach der Ausmusterung der Vorkriegs-Bauarten sind die BDe 4/4 heute die älteste Triebwagen-Serie der SBB. Abgesehen von Personalfahrten in Basel und im Raum Zürich sind sie im Planeinsatz kaum noch zu finden, der BDe 4/4 1646 kommt seit Ende 1994 vor dem Schulreferentenzug der SBB zum Einsatz und erhielt hierzu wie die Wagen einen Neuanstrich in türkisgrün.

Bahn	Serie	Nr.	Jahr	LüP mm	t	km/h	kW	Herst.
SBB	BDe 4/4	1621...1651	1952	22 700	57	110	1180	SLM/SWP/BBC/ MFO/SAAS

EAV-Triebwagen

Be 4/4 761 der BN (BLS-Gruppe)

Die BLS-Gruppe stellte 1953 und 1956 mit den heutigen Be 4/4 761 und 762 der BN und Be 4/4 763 der GBS drei Schwertriebwagen in Dienst, die sowohl für den Soloeinsatz als auch für die Traktion von Pendelzügen konzipiert wurden, mit einer Stundenleistung von 1470 kW aber auf den Talstrecken auch schwere Züge befördern können. Sie wurden durch die Koordination des EAV (Eidgenössisches Amt für Verkehr) zum Vorbild für zahlreiche ähnliche Fahrzeuge, die unter dem Sammelbegriff »EAV-Triebwagen« zusammengefaßt werden:
1959 hat mit dem ABe 4/4 71 (heute BDe 4/4 80) und dem BDe 4/4 81 die SOB ihre ersten EAV-Triebwagen erhalten, die BT stellte 1960 ihren BDe 4/4 50 in Dienst. Aus einer Gemeinschaftsbestellung erhielt 1966 die BT ihre BDe 4/4 51 bis 53 und die SOB den BDe 4/4 82, die EBT-Gruppe konnte die BDe 4/4 II 201, 251 und 252 in Dienst stellen. Diese EAV-Triebwagen kommen wie die RBe 4/4 der SBB meist mit Zwischen- und Steuerwagen der Einheitsbauarten in Pendelzügen zum Einsatz.
Eine zwar geringfügig längere, mit nur 1076 kW jedoch wesentlich schwächer motorisierte und deshalb mit dem Übernamen »Halbstarke« versehene Variante wurde in zwölf Einheiten 1965/66 für Privatbahnen mit geringerem Verkehrs-Aufkommen gebaut, wo sie als Solofahrzeuge oder Kurzpendel eingesetzt werden. Von zehn ABDe 4/4 erhielt fünf die MThB, drei die MO, je einer ging an die GFM und an die RVT, zwei ansonsten baugleiche BDe 4/4 erhielt die erst 1966 von Gleich- auf Wechselstrom umgestellte WM. Die RVT gab ihren ABDe 4/4 103 im Jahre 1983 an die MO ab, die GFM ihren ABDe 4/4 171 an die MThB, dadurch ist diese Variante heute bei drei Bahnen konzentriert.
Die jüngsten EAV-Triebwagen sind die BDe 4/4 83 bis 87 der SOB von 1978. Von den älteren Fahrzeugen unterscheiden sie sich vor allem durch die eleganteren Stirnpartien mit großen, gebogenen Führerstandsfenstern. Nach dem neuen Nummernschema tragen die Triebwagen der SOB

BDe 4/4 82 der SOB

BDe 4/4 85 der SOB

BDe 4/4 51 der BT

BDe 4/4 201 der EBT

ABDe 4/4 9 der MO

ABDe 536 613 der MThB

heute die Bezeichnung BDe 576 und eine 4 vor den bisher zweistelligen Fahrzeugnummern, bei dem aktuellen Lackierungsdesign wurden die traditionellen SOB-Farben grün/beige beibehalten. Die MThB-Triebwagen wurden 1995 für den grenzüberschreitenden Betrieb auf der Hegau-Bodensee-Bahn modernisiert, sie tragen seither die Bezeichnung ABDe 536 und eine zusätzliche 6 vor den bisher zweistelligen Fahrzeugnummern, ihre neue Lackierung ist den NPZ der MThB angepaßt und harmoniert wenig mit den nun schon im »gesetzteren Alter« befindlichen Fahrzeugen. Einen eher an die Ganzwerbung von Straßenbahn-Fahrzeugen erinnernden Reklame-Anstrich tragen heute auch die ABDe 4/4 der MO.

Bahn	Serie	Nr.	Jahr	LüP mm	t	km/h	kW	Herst.	Anm.
BLS	Be 4/4	761+762	1953	23700	68	120	1470	SIG/SAAS	BN
	Be 4/4	763	1956	23700	68	120	1470	SIG/SAAS	GBS
SOB	BDe 576	480	1959	23700	72	110	1573	SIG/BBC	1)
	BDe 576	481	1959	23700	72	110	2104	SIG/BBC	
	BDe 576	482	1966	23700	72	110	2104	SIG/BBC	
	BDe 576	483–487	1978	23700	72	110	2104	SIG/BBC	
BT	BDe 4/4	50	1960	23700	70	110	2104	SIG/BBC	
	BDe 4/4	51–53	1966	23700	70	110	2104	SIG/BBC	
EBT	BDe 4/4 II	201	1966	23700	73	110	2060	SIG/BBC	EBT
	BDe 4/4 II	251+252	1966	23700	73	110	2060	SIG/BBC	VHB
WM	BDe 4/4	1+2	1966	24300	63	100	1076		
MO	ABDe 4/4	6-8	1965	24300	64	100	1076	SIG/SWS/	
	ABDe 4/4	9	1965	24300	64	100	1076	SAAS/	2)
MThB	ABDe 536	611–615	1965	24300	64	100	1076	RBC/MFO	
	ABDe 536	616	1966	24300	64	100	1076		3)

1) bis 1979 ABe 4/4 71
2) bis 1983 RVT ABDe 4/4 103
3) bis 1983 GFM ABDe 4/4 171

RBe 4/4 und **RBe 540** SBB

RBe 540 017 der SBB

1959/60 erhielt die SBB die sechs Prototypen RBe 4/4 1401 bis 1406. Sie unterscheiden sich von den EAV-Triebwagen der BLS-Gruppe im Aufbau durch geänderte Stirnpartien, die Übergänge mit versenkt angebrachten Faltenbälgen erhielten, installiert wurde eine noch stärkere Motorisierung mit einer Stundenleistung von 2000 kW und eine elektrische Nutzbremse.
Die Serienbeschaffung von insgesamt 76 SBB-Triebwagen RBe 4/4 1407 bis 1482 erfolgte in den Jahren 1963 bis 1966. Zunächst lag der Einsatzschwerpunkt bei den Städte-Schnellzügen, heute findet man die schweren Triebwagen vorwiegend in langen Pendelzügen im Regionalverkehr. 1991 begann eine umfassende Modernisierungsaktion, die danach entsprechend dem neuen Nummernsystem als RBe 540 006 bis 079 bezeichneten Triebwagen erhielten unter anderem bündige Außen-Schwingtüren und eine neue, nicht allzu gelungene Lackierung in den von den NPZ bekannten Farben hellgrau/blau mit rot/dunkelgrauen Stirnfronten.

Bahn	Serie	Nr.	Jahr	LüP mm	t	km/h	kW	Herst.
SBB	RBe 4/4	1401–1406	1959	23 700	64	125	2 000	SIG/SWS/BBC/MFO
	RBe 540	006–079	1963	23 700	68	125	2 000	SIG/SWS/BBC/MFO

RABe EC (TEE II)

RABe EC 1054 der SBB

Für den grenzüberschreitenden TEE-Verkehr beschaffte die SBB nach den Dieseltriebzügen RAm TEE I im Jahre 1961 vier elektrische Mehrsystem-Fahrzeuge RAe TEE II, die unter allen vier Stromsystemen Westeuropas (Wechselstrom 15 kV 16,7 Hz und 25 kV 50 Hz sowie Gleichstrom 1 500 V und 3 000 V) verkehren können. 1966 wurden die zunächst fünfteiligen Einheiten um einen weiteren Zwischenwagen ergänzt, 1967 wurde ein fünfter Zug in Dienst gestellt. Der Antrieb erfolgt über Wellenstrommotoren, die für den Gleichstrombetrieb in Serie oder parallel geschaltet werden können und auf Wechselstromnetzen über Silizium-Trockengleichrichter versorgt werden. Die gesamte Antriebstechnik ist nicht in einem Triebkopf, sondern in einem Mittelwagen installiert, der wegen der großen Eigenmasse dreiachsige Drehgestelle mit der Achsfolge A1A-A1A besitzt und außerdem die Küche und ein Dienstabteil enthält. Die eleganten Triebzüge besaßen einen Speise- und Barwagen und ansonsten nur Abteile der 1. Klasse.
Nach dem Niedergang des TEE-Verkehrs wurden sie ab 1988 zu zweiklassigen RABe EC umgebaut und modernisiert, die TEE-Farben weinrot-elfenbein wichen einem modernen Farbdesign in mehreren Grautönen. Aus dem Regeleinsatz sind sie inzwischen durch die TGV und die Cisalpino-Pendelzüge verdrängt worden, die Ausrangierung hat begonnen, mindestens ein Zug soll jedoch erhalten bleiben.

Bahn	Serie	Nr.	Jahr	LüP mm	t	km/h	kW	Herst.	Anm.
SBB	RABe EC	1051...1055	1961	149 760	296	160	2 310	SIG/MFO	1)

1) urspr. RAE TEE II, Umbau ab 1988

RABDe 12/12 SBB

RABDe 12/12 1116 der SBB

Diese auch als »Mirage« oder »Goldküsten-Expreß« bezeichneten Triebzüge wurden 1965 unter finanzieller Beteiligung des Kantons Zürich zur Verkehrsverbesserung am rechten Zürichseeufer beschafft. Zugunsten einer hohen Beschleunigung sind alle Achsen der dreiteiligen, in sich kurzgekuppelten Einheiten angetrieben, die Anfahrzugkraft beträgt 239 kN bei einer Stundenleistung von 2 440 kW. Die RABDe 12/12 sind mit einer elektronischen Geschwindigkeits-Konstanthaltung, Nutzbremse und Vielfachsteuerung ausgestattet. Zur Bildung von bis zu 12-teiligen Pendelzügen weisen sie automatische Zentralkupplungen auf. Von den ursprünglich 20 Einheiten sind vier bei Unfällen so schwer beschädigt worden, daß aus ihren Teilen nur zwei neue Triebzüge zusammengestellt werden konnten. Bei den dadurch notwendigen Umnummerungen entfielen die Einheiten 1119 und 1120. Von ihrer Stammstrecke Zürich–Rapperswil wurden die RABDe 12/12 inzwischen durch Doppelstock-Pendelzüge verdrängt, sie kommen seither auf anderen S-Bahn-Linien der Agglomeration Zürich zum Einsatz. Im Rahmen der anstehenden Hauptrevision werden die Triebwagen modernisiert, sie erhalten die NPZ-Farbgebung, Außenschwingtüren, eine veränderte Inneneinrichtung und nach dem neuen Kennzeichnungsschema die Bezeichnung RABDe 510.

Bahn	Serie	Nr.	Jahr	LüP mm	t	km/h	kW	Herst.
SBB	RABDe 12/12	1101...1118	1965	73 300	170	125	2 440	SWP/FFA/SAAS/BBC

BDe 576 und BDe 577

BDe 4/4 94 (heute BDe 576 594) der SZU

1968 beschafften die SZU für ihre Sihltallinie und die CJ für ihre kurze Normalspurstrecke Porrentruy–Bonfol im mechanischen und im elektrischen Teil identische Triebwagen, die im Vergleich mit den EAV-Bauarten recht leicht motorisiert sind. Die SZU erhielt die fünf BDe 4/4 92 bis 96, die CJ den im Grundriß und der Einstiegsanordnung etwas abweichenden, ansonsten aber auch im Aufbau gleichen BDe 4/4 101, dem 1980 ein weiterer Triebwagen 102 folgte. Für das damalige Pendelzugkonzept mit Triebwagen und bis zu drei Steuerwagen ließ die SZU bei den BDe 4/4 93 bis 96 ab 1980 jeweils eine Führerstandseinrichtung entfernen und in Bt-Steuerwagen einbauen. Der BDe 4/4 101 der CJ wurde 1995 in einen Unfall verwickelt, bei der Reparatur wurden die typischen, stark gewölbten Frontscheiben durch jeweils drei flache Scheiben ersetzt. Bei dieser Gelegenheit erhielt er auch das neue Farbdesign der CJ und entsprechend dem aktuellen Nummernschema die Bezeichnung BDe 577 101. Die SZU verkaufte 1996 ihren Triebwagen 93 an die Steiermärkische Landesbahn, die anderen erhielten die neuen Nummern 592 ... 596 und werden im aktuellen Schema als BDe 576 geführt.

Bahn	Serie	Nr.	Jahr	LüP mm	t	km/h	kW	Herst.
SZU	BDe 576	592...596	1968	22350	53	70	640	SWS/MFO
CJ	BDe 577	101+102	1968	22350	51	70	640	SWS/MFO/BBC

RBDe 566 EBT

RBDe 566 224 der EBT

Die 1973 von der EBT-Gruppe in Dienst gestellten acht RBDe 4/4 I 221 bis 226, 261 und 281 mit ihren im Wagenkasten konstruktiv gleichen Bt-Steuerwagen und B-Zwischenwagen können quasi als NPZ-Vorläufer angesehen werden. Vor allem der Verzicht auf den hinteren Führerstand als Konsequenz aus den immer seltenener werdenden Solo-Einsätzen vieler Triebwagen herkömmlicher Bauarten, aber auch die LüP von 25000 mm und das mit 56 Sitzplätzen ähnliche Platzangebot sind mit den NPZ vergleichbare Merkmale. Mit einer Stundenleistung von 1340 kW sind sie etwas schwächer motorisiert als die »echten« NPZ, sie verfügen über eine Stundenzugkraft von 76,5 kN. Die ursprünglich zwar schon mit Gleichrichtern und Wellenstrom-Motoren, jedoch noch mit herkömmlicher Schützensteuerung ausgestatteten Fahrzeuge werden seit 1994 modernisiert und erhalten dabei Stromrichter mit stufenloser Anschnittsteuerung. Die hauptrevidierten Triebwagen erhalten auch ein neues, den Colani-Loks angepasstes Farbdesign und tragen nach dem neuen Nummernplan die Bezeichnung RBDe 566.

Bahn	Serie	Nr.	Jahr	LüP mm	t	km/h	kW	Herst.	Anm.
EBT	RBDe 566	221–226	1973	25 000	71	125	1 340	SWS/SAAS	EBT
	RBDe 566	261	1973	25 000	71	125	1 340	SWS/SAAS	VHB
	RBDe 566	281	1973	25 000	71	125	1 340	SWS/SAAS	SMB

RABDe 8/16

RABDe 8/16 der SBB

Die 1974 von der SBB für den Ballungsraum Zürich in nur vier Prototypen beschafften Pendelzüge RABDe 8/16 2001 bis 2004 werden wegen ihrer auffälligen gelb/violetten Farbgebung auch »Chiquitas« genannt. Sie stellen in gewisser Hinsicht eine Vorstufe zu den NPZ RBDe 4/4 dar, im Gegensatz zu diesen bestehen sie jedoch aus zwei Triebköpfen RBe 4/4 und je einem Zwischenwagen AD und B. Durch die vollständige Leichtmetallkonstruktion konnte gegenüber den RABDe 12/12 eine beträchtliche Masseeinsparung erzielt werden, außerdem kam erstmals die Gleichrichtertechnik mit thyristorgesteuerten Wellenstrommotoren zum Einsatz. Nach der Einführung des S-Bahn-Betriebes wurden die RABDe 8/16 zunächst in der Nordschweiz eingesetzt. Die Züge 2001 und 2003 erhielten eine Neulackierung im NPZ-Design. Da eine Reihe von Kinderkrankheiten nie ganz ausgemerzt werden konnten und die Kleinserie von nur vier Exemplaren einer rationellen Betriebsabwicklung nicht dienlich ist, wurden die RABDe 8/16 schon 1994 aus dem Regeleinsatz genommen. Einzelne Einheiten wurden zeitweise an die MThB vermietet, wo sie auch verkürzt als RABDe 8/12 verkehrten. Zur Zeit sind alle vier Züge remisiert, über ihr weiteres Schicksal ist noch nicht entschieden.

Bahn	Serie	Nr.	Jahr	LüP mm	t	km/h	kW	Herst.
SBB	RABDe 8/16	2001–2004	1974	100000	149	125	2250	SIG/SWP/ SWS/SAAS

RBDe 4/4 737 der BN (BLS-Gruppe)

RBDe 4/4 227 (heute RBDe 566 227) der EBT

Zwar wurde der Begriff »NPZ« (Neuer Pendelzug) durch die SBB propagiert, er wird jedoch heute allgemein auch für die ab 1982 gebauten und der SBB konstruktiv als Vorbild dienenden Pendelzüge der Privatbahnen verwendet: Die BLS-Gruppe, die GFM und die RVT beschafften in einer Gemeinschaftsbestellung zunächst 14 Triebwagen RBDe 4/4 bzw. RABDe 4/4 (GFM) sowie passende Steuer- und Zwischenwagen. Die 1700 kW starken Triebwagen haben eine Stundenzugkraft von 94 kN und sind für 125 km/h zugelassen. Sie sind zwar für Vielfachsteuerung eingerichtet, auf automatische Kupplungen wurde jedoch verzichtet, damit auch gewöhnliche Wagen eingereiht oder angehängt werden können. Für die BLS waren dies die ersten serienmäßig mit Thyristor-Steuerung ausgerüsteten Fahrzeuge, GFM und RVT blieben bei einer konventionellen elektrischen Ausstattung. Aber auch äußerlich finden sich markante Unterschiede: Bei den RBDe 4/4 721 bis 730 der BLS und den zugehörigen Steuerwagen wurde auf die Stirnwandtüren verzichtet, die stark geneigte Frontpartie verleiht den Pendelzügen zusammen mit der kantigen Dachform ein schnittiges Aussehen. GFM und RVT behielten hingegen die klassischen Übergänge bei, die Stirnfronten der RABDe 4/4 171 und 172 (GFM) und 104 und 105 (RVT) entsprechen in etwa den zuletzt gebauten EAV-Triebwagen für die SOB.
Mit den insgesamt 13 Einheiten RBDe 4/4 II 227 bis 233 (EBT), 262 bis 265 (VHB) und 282 + 283 (SMB) erhielt ab 1984 auch die EBT-Gruppe mit den BLS-Fahrzeugen im wesentlichen baugleiche Pendelzüge. In einer gemeinsamen Bestellung erhielt die BLS-Gruppe 1985 weitere acht RBDe 4/4 731 bis 738 und die RVT beschaffte mit dem RBDe 4/4 106 einen dritten Pendelzug, bei dem nun auch auf die Stirnwandübergänge verzichtet wurde.
1989 bestellten die BLS-Gruppe, die GFM und die RVT nochmals sieben Pendelzüge mit den Triebwagen RBDe 4/4 739 bis 742 (BLS), RABDe 4/4 181 und 182 (GFM) und RBDe 4/4 107 (RVT), damit wurden diese NPZ zur stückzahlstärksten Privatbahn-Bauart. Der RABDe 4/4 104 der RVT wurde 1992 von der GFM übernommen und erhielt dort die Nummer 173. Nach der Einführung des neuen Kennzeichnungsschemas erhielten 1993 die Triebwagen der RVT die Nummern 567 315 bis 567 317, die der EBT-Gruppe werden mit unveränderten Fahrzeugnummern als Reihe 566 geführt.

Bahn	Serie	Nr.	Jahr	LüP mm	t	km/h	kW	Herst.	Anm.
BLS	RBDe 4/4	721–730	1982	25 000	69	125	1 700	SIG/SWS/BBC	1)
	RBDe 4/4	731–738	1985	25 000	69	125	1 700	SIG/SWS/BBC	2)
	RBDe 4/4	739–742	1991	25 000	69	125	1 700	SIG/SWP/ABB	3)
EBT	RBDe 566	227–233	1984	25 000	69	125	1 700	SIG/SIG/BBC	EBT
	RBDe 566	262–265	1984	25 000	69	125	1 700	SIG/SIG/BBC	VHB
	RBDe 566	282+283	1994	25 000	69	125	1 700	SIG/SIG/BBC	SMB
GFM	RABDe 4/4	171+172	1983	25 000	70	125	1 700	SIG/SWS/BBC	
	RABDe 4/4	173	1983	25 000	70	125	1 700	SIG/SWS/BBC	4)
	RABDe 4/4	181+182	1991	25 000	70	125	1 700	SIG/SWS/ABB	
RVT	RBDe 567	315	1983	25 000	70	125	1 700	SIG/SWS/BBC	5)
	RBDe 567	316	1986	25 000	70	125	1 700	SIG/SWS/BBC	5)
	RBDe 567	317	1991	25 000	70	125	1 700	SIG/SWS/ABB	5)

1) 721+722 BLS, 723+724 SEZ, 725–729 GBS, 730 BN
2) 731 BLS, 732+733 SEZ, 734–736 GBS, 737+738 BN
3) 739 SEZ, 740 GBS, 741+742 BN
4) bis 1992 RVT RABDe 4/4 104
5) urspr. R(A)BDe 4/4 105–107

RABDe 4/4 182 der GFM

RABDe 4/4 105 (heute RBDe 567 315) der RVT

RBDe 4/4

RBDe 4/4 74 der BT

An der vorstehend beschriebenen NPZ-Gemeinschaftsbestellung hat sich zwar auch die BT beteiligt, ihre sechs Pendelzüge aus dem Jahre 1982 mit den Triebwagen RBDe 4/4 71 bis 76 weisen jedoch gegenüber denen der anderen Bahnen einen signifikanten, auf den ersten Blick allerdings nicht augenfälligen Unterschied auf: Zugunsten eines durchgehend tiefliegenden Wagenbodens wurde auf die Möglichkeit der Einreihung normaler Reisezugwagen zur Verstärkung verzichtet. Stattdessen wurden die Zug- und Stoßvorrichtungen innerhalb der zunächst dreiteiligen Einheiten aus Triebwagen, B-Zwischenwagen und ABt-Steuerwagen tiefer gesetzt und dichtschließende Tunnelübergänge eingebaut. Die Kompositionen sind somit nur in der Werkstätte zu trennen und wurden daher gelegentlich auch als RABDe 4/12 bezeichnet. 1990 beschaffte die BT sechs weitere B-Zwischenwagen zur Bildung vierteiliger Einheiten.

Bahn	Serie	Nr.	Jahr	LüP mm	t	km/h	kW	Herst.
BT	RBDe 4/4	71–76	1982	25 000	71	125	1 700	FFA/SIG/BBC

RBDe 560 / 562 / 566 SBB, MThB, PBr, SOB

RBDe 560 der SBB (1. Serie)

RBDe 560 der SBB (4. Serie)

Zur Modernisierung und Beschleunigung des Regionalverkehrs und zur Ablösung überalterter Triebfahrzeuge beschaffte die SBB 1984 ihre ersten vier NPZ-Prototypen RBDe 4/4 2100 bis 2103. Im mechanischen und im elektrischen Teil lehnte man sich dabei stark an die bewährte Privatbahn-Ausführung an, die jedoch den besonderen Bedürfnissen der SBB angepaßt wurde. So wurde eine Nutzbremse installiert und die Höchstgeschwindigkeit auf 140 km/h gesteigert, die Stundenleistung beträgt 1650 kW. Auch die Frontpartie wurde anders gestaltet, sie wirkt weniger kantig als die der privaten NPZ. Begründet wurde dies mit der besseren Abstimmung auf die höhere V/max., sicher wurde aber bei der SBB die unterschiedliche Optik auch grundsätzlich gerne gesehen. Nach umfassenden Erprobungen der Prototypen begann 1987 die Lieferung der ersten Bauserie, der bis heute drei weitere folgten. Mit der letzten, ab 1994 gelieferten Serie begann nach dem aktuellen Nummernschema die Umzeichnung zur Reihe RBDe 560. Die letzten sechs Triebwagen dieser Serie wurden als RBDe 562 000 bis 005 zu Zweisystem-Fahrzeugen für die Pendelzüge der Regio-S-Bahn Basel–Mulhouse umgebaut. Mit den NPZ hat die SBB auch ein neues Farbdesign für den Regionalverkehr eingeführt. Nach den zunächst unterschiedlich lackierten Prototypen entschied man sich für eine attraktive Lackierung in steingrau mit blauem Fensterband, roten Stirnseiten und gelben Türen, die den NPZ den Übernamen »Kolibris« eintrug. Bei der vierten Serie wurde das Farbdesign geringfügig modifiziert. Der RBDe 560 131 erhielt mitsamt dem zugehörigen Steuerwagen für den Einsatz auf der VCh-Strecke Vevey–Puidoux-Chexbres eine gelbe Lackierung und die an der Weinlandschaft des Genfer Sees orientierte Aufschrift »Train des vignes«.

Zwar beschaffte die SBB auch zu den RBDe 4/4 passende Bt-Steuerwagen. Im Gegensatz zu den Privatbahnen wurden die Zwischenwagen jedoch nicht neu gebaut, sondern es wurden aus dem ausreichenden Bestand B-Wagen EW I und AB-Wagen EW II modernisiert und farblich angepaßt. Aus der dritten Lieferserie erhielt die PBr, die bis dahin keine eigenen Strecken-Triebfahrzeuge besaß, die beiden RBDe 4/4 2184 und 2185. Die an den Nummernkreis der SBB anschließenden Fahrzeuge unterscheiden sich nur durch eine zusätzliche Beschriftung, auch die Wartung obliegt der SBB. Nach dem neuen Nummernschema werden sie künftig als Reihe RBDe 568 bezeichnet.

Die MThB betreibt seit 1994 grenzüberschreitend auch die Hegau-Bodensee-Bahn Konstanz–Singen–Engen. Für diese auch als »Seehas« bezeichnete Verbindung wurden vier Pendelzüge mit RBDe 566 631 bis 634 des SBB-Typs beschafft. Dabei konnten die Triebwagen sowie die zugehörigen Steuerwagen kurzfristig zusammen mit der vierten SBB-Serie produziert werden. Die Zwischenwagen hingegen konnten als von den Bt abgeleitete Konstruktion erst im folgenden Jahr in Dienst gestellt werden. Für den Verkehr in Deutschland wurden die NPZ auch mit INDUSI und mit breiteren Stromabnehmerwippen ausgerüstet. Das modische Farbdesign ist an der immer üblicher werdenden »Ganzwerbung« orientiert und außerst gewöhnungsbedürftig.

Mit der vierten NPZ-Serie der SBB erhielt 1995 schließlich auch die SOB zum Ersatz ihrer Vorkriegs-Triebwagen vier zweiteilige Kompositionen mit den RBDe 566 400 bis 403 und zugehörigen ABt-Steuerwagen. Auch für diese Pendelzüge wurde ein modisches Lackierungsdesign entwickelt, bei dem immerhin die SOB-Hausfarben dunkelgrün/elfenbein beibehalten wurden.

RBDe 566 633 der MThB

RBDe 566 400 der SOB

Bahn	Serie	Nr.	Jahr	LüP mm	t	km/h	kW	Herst.
SBB	RBDe 4/4	2100–2103	1984	25 000	70	140	1 650	FFA/SWP/SIG/BBC
	RBDe 560	004–083	1987	25 000	70	140	1650	FFA/SWP/SIG/BBC
	RBDe 560	100–135	1993	25 000	70	140	1650	SIG/SWP/ABB
	RBDe 562	000–005	1996	25 000	70	140	1650	SIG/SWP/ABB
PBr	RBDe 4/4	2184+2185	1989	25 000	70	140	1650	SIG/SWP/BBC
MThB	RBDe 566	631–634	1994	25 000	70	140	1650	SIG/SWP/ABB
SOB	RBDe 566	400–403	1995	25 000	70	140	1650	SIG/SWP/ABB

ETR 470 CISALPINO

ETR 470 der CISALPINO

Um den internationalen Verkehr über die Simplonstrecke durch den Einsatz von Neigezug-Garnituren zu beschleunigen, haben die italienische FS, die SBB und die BLS die gemeinsame Tochter Cisalpino AG gegründet. Von den sieben ab 1996 beschafften »Pendolini« ETR 470 werden zwei auch auf der Gotthard-Strecke und später eventuell bis nach Stuttgart eingesetzt. Die dem Nummernschema der FS zugeordneten Triebzüge sind eine Zweistrom-Variante der italienischen ETR 460. Die elektrische Ausrüstung ist unterflur installiert, es gibt also keine Triebköpfe, sondern die Antriebe sind über den ganzen, neunteiligen Zug verteilt und jeweils in dreiteiligen Einheiten zusammengefaßt: einem angetriebenen Steuer- bzw. Zwischenwagen, einem ebenfalls angetriebenen Wagen mit der Umrichteranlage sowie einem nicht angetriebenen Wagen mit der Trafoausrüstung. Die Asynchronmotoren in Längsanordnung treiben über Kardanwellen jeweils die inneren Achsen der Drehgestelle an. Die für eine aktive Kastenneigung um ± 8 Grad nötigen Hydraulikzylinder sind im Bereich der Drehgestelle angeordnet, die jeweils zwei Stromabnehmer für den italienischen Gleichstrom 3000 V und den Wechselstrom ruhen auf eigenen, von den Wagenkästen unabhängigen Portalen.
Die ETR 470 verfügen über Widerstands- und über Rekuperationsbremsen, jedoch nicht über eine Vielfachsteuerung. Schwenkbare Notpuffer und Kupplungshaken befinden sich hinter ausklappbaren Teilen der windschnittigen Verkleidung.

Bahn	Serie	Nr.	Jahr	LüP mm	t	km/h	kW	Herst.
Cisalpino	ETR 470	991–997	1996	236 600	460	200	6 000	FIAT

Be 8/8 32 der SZU

Die ehemalige BZUe, 1973 mit der Sihltalbahn zur heutigen SZU fusioniert und mit Steigungen bis zu 70 ‰ ohnehin eine Ausnahme-Erscheinung bei den Schweizer Normalspurbahnen, wurde 1923 nicht mit dem »Einheitswechselstrom« 15 kV 16 2/3 Hz, sondern mit Gleichstrom 1200 V elektrifiziert, da eine Anbindung an die Zürcher Straßenbahn vorgesehen war. Um mit der normal elektrifizierten Sihltalbahn auf gleichem Gleis verkehren zu können, wurde die Oberleitung um 1,3 Meter seitwärts verschoben installiert, die Stromabnehmer der Fahrzeuge sind daher auch heute noch nicht in Fahrzeugmitte, sondern am Dachrand angeordnet. Die in der Einleitung erwähnten BDe 4/4 wurden 1978 um zwei neu entwickelte Doppel-Triebwagen Be 8/8 ergänzt, die in der Konzeption an die schmalspurigen Be 8/8 der FB anknüpfen. Charakteristisch für die Leichtbau-Kästen sind die tief herabgezogenen Schürzen, die den Triebwagen fast den Eindruck moderner Niederflur-Fahrzeuge verleihen. Im elektrischen Teil entschied man sich für die zukunftsweisende Chopper-Technik, mit der allerdings eine Reihe von Kinderkrankheiten verbunden waren. Die 840 kW starken Fahrzeuge besitzen eine Nutzbremse und können in Mehrfachtraktion verkehren. Die Fernsteuerung ist jedoch mit den alten Triebwagen nicht kompatibel.

Bahn	Serie	Nr.	Jahr	LüP mm	t	km/h	kW	Herst.
SZU	Be 8/8	31+32	1978	40 600	60	60	840	SWS/Siemens

Be 2/2

Be 2/2 14 der OC

Die nur knapp 4 km lange OC darf für sich in Anspruch nehmen, die erste elektrisch betriebene Normalspurbahn der Schweiz zu sein. Wie schon bei ihrer Eröffnung 1894 ist sie auch heute noch mit Gleichstrom 700 V elektrifiziert, außer ihr werden im Normalspurnetz nur die Uetlibergbahn (1200 V) und die SBB-Strecke Genève–La Plaine (1500 V) mit Gleichstrom betrieben. Im Fahrzeugpark der OC finden wir noch heute mit dem De 2/2 32 von 1902 und den beiden BDe 4/4 12 und 13 von 1915 wahre Methusaleme der Schiene. Der nur geringe Personenverkehr wird jedoch heute im Normalfall von dem zweiachsigen Triebwagen-Neubau Be 2/2 14 aus dem Jahre 1990 bewältigt. Vor dessen Entwicklung war auch an Beschaffung und Umbau eines DB-Schienenbusses mit der elektrischen Ausrüstung eines Trolleybusses gedacht worden. Der mit einer Stundenleistung von 160 kW bescheiden motorisierte und mit herkömmlicher Hüpfersteuerung ausgestattete Triebwagen ist als Alleinfahrer konzipiert und verfügt darum nicht über Zug- und Stoßeinrichtungen, sondern nur über eine Abschleppkupplung, die massiven Lampeneinfassungen dienen als Notpuffer. Wegen der Einzelanfertigung mußte man auch beim Wagenkasten bescheiden bleiben, entstanden ist dennoch ein zeitgemäßer Triebwagen, dessen Lackierung in orange/weiß allerdings leider eher an ein Baustellenfahrzeug erinnert.

Bahn	Serie	Nr.	Jahr	LüP mm	t	km/h	kW	Herst.
OC	Be 2/2	14	1990	13 340	20	80	160	Stadler/ABB

Be 4/4

Be 4/4 26 der SZU

Als die SZU 1990 ihre unterirdische Streckenverlängerung vom bisherigen Endpunkt Zürich-Selnau zum Hauptbahnhof eröffnete, hatte dies schon bald die erhoffte Verkehrszunahme zur Folge. Vor der rechtzeitig geplanten Beschaffung neuer Triebwagen für die in das Zürcher S-Bahn-Netz integrierte Uetlibergbahn war zunächst eine Betriebsumstellung auf den Einheits-Wechselstrom geprüft worden, die sich jedoch wirtschaftlich nicht als vorteilhaft darstellte. Für die dann ab 1992 in Dienst gestellten Triebwagen Be 4/4 21 bis 28 wurden wegen der kurvenreichen Strecken Lenkachsdrehgestelle mit sich radial einstellenden Achsen entwickelt. Auch die elektrische Ausrüstung entspricht mit Chopper-Steuerung und Drehstrom-Asynchronmotoren modernsten Erkenntnissen. Beim Wagenkasten in Stahl-Leichtbauweise wurde auf gute Lärmdämmung besonderer Wert gelegt. Die automatischen Scharfenbergkupplungen beinhalten auch die elektrischen Verbindungen und die Luftanschlüsse, mit Vielfachsteuerung können bis zu vier Triebwagen in Mehrfachtraktion geführt werden.

Bahn	Serie	Nr.	Jahr	LüP mm	t	km/h	kW	Herst.
SZU	Be 4/4	21–28	1992	22 010	43,5	70	844	SLM/Siemens

Bem 550 SBB

Bem 550 der SBB

Eine betriebliche Besonderheit im Streckennetz der SBB stellt die knapp 15 km lange Verbindung von Genève zum Grenzort La Plaine dar. Sie ist wie die anschließende SNCF-Strecke nach Lyon mit Gleichstrom 1500 V elektrifiziert, damit für internationale Züge Bespannungen ab und bis Genève möglich sind. Der Regionalverkehr wird von der SBB mit eigens beschafften Gleichstrom-Triebwagen bedient. Zur Ablösung der aus den fünfziger Jahren stammenden BDe 4/4 II war in mehreren Studien unter anderem die Beschaffung von Zweisystem-Fahrzeugen wie den in Karlsruhe eingesetzten Tramfahrzeugen der DB-Baureihe 450 untersucht worden. Schließlich entschloß sich die SBB aber zu einer Variante des bei der Lausanner Stadtbahn TSOL bewährten Gelenk-Triebwagens Bem 4/6 mit thermischem Hilfsantrieb. Im elektrischen Teil war eine Anpassung an die gegenüber der TSOL doppelt so hohe Spannung notwendig. Die Anzahl der Einstiege wurde reduziert, bei ihnen wurden Trittstufen eingebaut, die bei den TSOL-Triebwagen dank der Hochbahnsteige nicht nötig waren. Mit den seit 1994 verkehrenden fünf Gelenktriebwagen Bem 550 000 bis 004 konnte die Attraktivität der Verbindung Genève–La Plaine wesentlich verbessert werden.

Bahn	Serie	Nr.	Jahr	LüP mm	t	km/h	kW	Herst.
SBB	Bem 550	000–004	1994	31 400	42,5	100	600	VT/ABB/Duewag

Adhäsionsbahnen Schmalspur

In keinem anderen Land Europas hatten und haben Schmalspurbahnen einen so hohen Anteil am Eisenbahnnetz wie in der Schweiz: Von den insgesamt rund 5000 Streckenkilometern entfallen gut 1000 km auf schmalspurige Adhäsionsbahnen, hinzu kommen fast 500 km mit gemischtem Betrieb oder reine Zahnradbahnen. Fast alle schmalspurigen Adhäsionsbahnen sind in Meterspur gebaut worden, Ausnahme ist die Waldenburgerbahn mit nur 750 mm Spurweite. Die älteste ist die LEB, deren erster Streckenabschnitt Lausanne–Cheseaux 1873 eröffnet wurde. Stillgelegt wurden nur wenige Überlandbahnen, vorwiegend in der Westschweiz und im Tessin.
Der Fahrzeugpark der rund 30 schmalspurigen Adhäsionsbahnen ist äußerst vielgestaltig, da hier das Spektrum nicht nur von der großen RhB mit mehr als 100 Triebfahrzeugen und Hauptbahnbetrieb bis zur nur 5 km langen Überlandbahn MIB reicht, sondern auch die bei der Normalspurbahn einheitlichen »Normalien« hier recht verschieden sind: Die maximalen Streckenneigungen sind so unterschiedlich wie die Kurven-Mindestradien und auch die Bremssysteme sind ebensowenig einheitlich festgelegt wie die Lichtraumprofile oder die Zug- und Stoßvorrichtungen. Bei allen Bemühungen um kostensparende Gemeinschafts-Bestellungen sind daher immer noch viele individuelle Konstruktionen nötig. Auch bei den Schmalspurbahnen finden wir neben modernsten Triebfahrzeugen Oldtimer, die vielleicht nicht mehr jeden Tag ihren Dienst tun, aber noch über lange Jahre zur Einsatzreserve zählen werden.

Der elektrische Betrieb

Die schon in der Einleitung zu den normalspurigen Adhäsionsbahnen erwähnten Gründe führten auch bei den Schmalspurbahnen zu einer frühzeitigen und – nachdem seit 1977 auch die MIB »unter Draht« ist – sogar vollständigen Elektrifikation. Neben dem Stammnetz der RhB werden nur die BAM und die YSteC mit Wechselstrom betrieben, erstere mit 11 kV 16 2/3 Hz, die beiden anderen mit dem »Einheitsstrom« 15 kV 16 2/3 Hz der Normalspurbahnen. Bei den mit Gleichstrom elektrifizierten Bahnen treffen wir auf unterschiedliche Spannungen von nur 525 V bei der BLM bis zu 2400 V bei der Chur-Arosa-Bahn der RhB, die sich allerdings in Umstellung auf Wechselstrom befindet.

Frühe elektrische Triebfahrzeuge

Die Elektrifizierung begann wie auch anderswo zunächst bei den Straßen- und Überlandbahnen, die in der Schweiz durchweg in Meterspur ausgeführt sind. Den Auftakt machte 1888 die Tramlinie Vevey–Montreux–Chillon der VMC, drei Jahre später folgten die SG und die BLM. Letztere ist heute die älteste elektrische Bahn der Schweiz, denn die VMC und die SG existieren schon lange nicht mehr. Erhalten blieb aber der Ce 1/2 4 der VMC aus dem Eröffnungsjahr, der kleine, doppelstöckige Tramwagen ist heute im VHS Luzern zu sehen. Die SG besaß immerhin die erste elektrische Lokomotive der Schweiz, die kleine Ge 2/2 ist nach der schon 1916 erfolgten Stillegung der Bahn verschrottet worden. Auch von den drei sehr ähnlichen Ge 2/2 der BLM, die 1903 zu Rowan-Zügen umgebaut wurden, blieb keine erhalten.

Die erste Bahn mit Drehstrombetrieb war die 1896 eröffnete Luganer Trambahn TEL. Verbreitung hat allerdings der Drehstrom mit seiner komplizierten zweipoligen Fahrleitung auch bei den Schmalspurbahnen nicht gefunden, die TEL wurde schon 1910 auf Gleichstrom umgestellt.

Noch während des normalspurigen Versuchbetriebes Seebach–Wettingen nahm 1907 die LPB auf ihrer ins Maggiatal führenden Schmalspurstrecke als erste Bahn der Schweiz den regulären Wechselstrom-Betrieb mit 5 kV 26 Hz auf. Mit der Eröffnung der benachbarten FRT (heute FART) wurde sie 1923 auf Gleichstrom umgerüstet, 1965 ist sie als Opfer des zunehmenden Autoverkehrs stillgelegt worden. Von den drei Triebwagen der LPB ist der für den Gleichstrombetrieb umgebaute und 1964 modernisierte ABDe 4/4 1 später an die italienische FART-Partnerin SSIF abgegeben worden, die ihn inzwischen ausrangiert hat.

Der LPB kommt auch das Privileg zu, die erste schmalspurige Wechselstrom-Lokomotive der Schweiz besessen zu haben. Die 1911 gebaute Ge 2/2 4 ist allerdings schon 1923 nach einem Unfall abgebrochen worden.

Frühe elektrische Triebfahrzeuge – Schmalspur

Bahn	Serie	Nr.	Jahr	LüP mm	t	km/h	kW	Herst.	Anm.
VMC	Ce 1/2	4	1888	6 100	3,5	16	11	SIG/Siemens	VHS
SG	Ge 2/2	*1*	1891		6	18	22	MFO	./.
BLM	Ge 2/2	*1–3*	1891		7	16	36	MFO	./.
LPB	ABDe 4/4	*1*	1907	16 000	28	45	180	MAN/MFO/BBC	an SSIF
	Ge 2/2	*4*	1911	7 400	21	45	170	SWS/MFO	./.

Wechselstrom-Lokomotiven

Wie zuvor die BLS, hat sich auch die RhB schon früh für die Elektrifizierung mit Wechselstrom entschieden, zugunsten leichterer Transformatoren begnügte man sich aber mit 11 kV 16 2/3 Hz. Die Strecke St. Moritz–Scuol wurde 1913 eröffnet, 1922 war schon das gesamte Stammnetz unter Draht. Von den sieben Loks der Serie Ge 2/4, die mit einem langsamlaufenden Repulsionsmotor ohne Untersetzung arbeiteten, blieben die Ge 2/4 205 und 207 im Ursprungszustand erhalten, erstere steht im Technikum in Winterthur, die 207 ist im VHS Luzern zu bewundern. Die anderen wurden in den vierziger Jahren mit neuen, schnelllaufenden Motoren ausgerüstet und erhielten zum Teil für den Einsatz im Rangierdienst neue Aufbauten mit Mittelführerstand. Mit den Ge 2/4 221 und 222 hat die RhB allerdings auch noch zwei äußerlich unveränderte Maschinen im Bestand.

Die ebenfalls sieben, von 1913 bis 1918 beschafften schwereren Maschinen der Serie Ge 4/6 waren im mechanischen Teil zwar im wesentlichen gleich aufgebaut, besaßen jedoch zu Vergleichszwecken elektrische Ausrüstungen von drei unterschiedlichen Lieferanten, der MFO, der BBC und der deutschen AEG. Von diesen Lokomotiven ist die Ge 4/6 353 heute noch im Bestand der RhB, die Ge 4/6 391 kam als Eigentum der AEG an das DGEG-Eisenbahnmuseum in Viernheim.

Als nächste Serie beschaffte die RhB dann ab 1921 die in den folgenden Einzeldarstellungen beschriebenen »Rhätischen Krokodile« der Reihe Ge 6/6 I.

Wechselstrom-Lokomotiven – Schmalspur

Bahn	Serie	Nr.	Jahr	LüP mm	t	km/h	kW	Herst.	Anm.
RhB	Ge 2/4	207	1913	8 700	37	45	220	SLM/BBC	VHS
	Ge 2/4	221+222	1913	8 700	32	65	428	SLM/BBC	
	Ge 4/6	353	1914	11 000	56	55	590	SLM/MFO	

Gleichstrom-Lokomotiven

Von den meist kleineren schmalspurigen Adhäsionsbahnen mit Gleichstrombetrieb wurden Lokomotiven – wenn überhaupt – nur als Einzelstücke oder Kleinstserien und überwiegend für den Rangierdienst beschafft, das gleiche gilt für die auch hier den Lokomotiven zugeordneten Gepäck-Triebwagen:

Die 1901 eröffnete CP (heute GFM) besitzt mit den beiden Te 4/4 13 und 14 noch Fahrzeuge der ersten Generation. Ihre heutigen Aufbauten mit Mittelführerstand und flach

Ge 2/4 221 der RhB von 1913

De 2/2 162 der RhB-BB von 1911

abfallenden Vorbauten verbergen jedoch, daß es sich um die ehemaligen Triebwagen ABDZe 4/4 8 und 9 handelt, die erst in den dreißiger Jahren zu Lokomotiven umgebaut worden sind.
Von der ehemaligen WTB (heute WSB) stammt der 1904 gebaute Gepäck-Triebwagen De 4/4 42, der noch seinen alten, an einen gedeckten Güterwagen erinnernden Holzkasten besitzt, aber seit vielen Jahren nur noch zur Betriebsreserve zählt.
Bei der 1910 fertiggestellten Berninabahn (seit 1943 RhB) sind der Gepäck-Triebwagen De 2/2 151 von 1909 und die beiden auch als »Eselchen« bekannten Ge 2/2 161 und 162 von 1911 immer noch im Einsatzbestand. Dem De 2/2 151 sieht man allerdings sein hohes Alter kaum mehr an, seit er 1980 einen verblechten Wagenkasten und einen Einholm-Stromabnehmer erhielt.
Die 1916 für die Berninabahn gebaute Ge 6/6 81 mit ihrem charakteristischen Schienenbremswagen zwischen den Drehgestellen erhielt 1929 Schlitz-Kuppelstangen statt der ursprünglichen Dreieckstangen, dabei wurden die jeweils mittleren Triebachsen ausgebaut. Als Ge 4/4 181 finden wir sie heute bei der Museumsbahn BC. Das ebenfalls als Einzelstück beschaffte »Bernina-Krokodil« Ge 4/4 182 von 1928 hingegen wurde 1984 an die französische La-Mure-Bahn verkauft.
Zu den Oldtimern zählt auch die Ge 4/4 56 der LMB (heute RVO) von 1917, die 1972 für den Rollschemelbetrieb mit übergroßen Normalspur-Puffern ausgerüstet wurde und heute die Nummer 126 trägt.
Die Ge 4/4 111 und 112 der VBW (heute RBS) von 1927 sind ausländische Occasionen, sie wurden 1955 bzw. 1965 von der Hagener Straßenbahn übernommen.
Der für den Güterzugdienst vor schweren Rollbockzügen von der RVO (damals noch OJB) 1987 beschaffte De 4/4 121 ist als Einzelstück nach dem Low-cost-Prinzip entwickelt worden und ein schönes Beispiel für die Entscheidung, Gepäck-Triebwagen hier trotz ihres historischen Kennbuchstabens »D« den Lokomotiven zuzuordnen. Er besitzt eine freongekühlte Choppersteuerung und kann im Personenverkehr auch in Pendelzügen eingesetzt werden.
Ein Einzelstück ist auch die Ge 4/4 1 der AB von 1994, die wegen ihres Gepäckabteils strenggenommen als »De« zu bezeichnen wäre. Die Drehgestelle wie auch die Fahrmotoren und die Traktionsstromrichter entsprechen im wesentlichen denen der Ge 4/4 III der RhB, während der Kasten neu konstruiert wurde. Für den Rollbockbetrieb verfügt die Lok über Normalspur-Zug- und Stoßvorrichtungen, mit den ABt-Steuerwagen der AB können aber auch Pendelzüge für den Personenverkehr gebildet werden.

De 4/4 42 der WSB von 1904

De 4/4 121 der RVD von 1987

Gleichstrom-Lokomotiven – Schmalspur

Bahn	Serie	Nr.	Jahr	LüP mm	t	km/h	kW	Herst.	Anm.
GFM	Te 4/4	13+14	1901	11 040	23	45	148	CEG/Alioth	ex ABDZe
WSB	De 4/4	42	1904	11 100	28	50	280	SWS/SSW/BBC	
RhB-BB	De 2/2	151	1909	7 150	14	45	147	SIG/Alioth	
	Ge 2/2	161+162	1911	7 720	18	45	242	SIG/Alioth	
	Ge 4/4	181	1916	13 900	45	45	706	SLM/BBC	BC
	Ge 4/4	182	1928	14 000	43	45	560	SLM/SAAS	La Mure
RVO	Ge 4/4	126	1917	10 200	20	35	206	SIG/BBC	
	De 4/4	121	1987		45	65	1040	Stadler/SIG/ABB	
RBS	Ge 4/4	111+112	1927	9 650	34	40	470	AEG	
AB	Ge 4/4	1	1994	14 850	48	75	1000	Stadler/SLM/ABB	

Wechselstrom-Triebwagen

Nach der RhB, deren Triebwagen in den Einzeldarstellungen beschrieben sind, wurden bei den schmalspurigen Adhäsionsbahnen nur noch 1943 die BAM und zu Beginn des Jahres 1945 die YSteC mit Wechselstrom elektrifiziert.

Be 4/4 4 der YSteC von 1945

Von der ersten Triebwagen-Generation der BAM, die im wagenbaulichen Teil an Gleichstrom-Triebwagen der Vorkriegszeit anknüpft, sind noch die BDe 4/4 2, 3 und 5 im Bestand, letzterer soll als historisches Fahrzeug im Ursprungszustand erhalten bleiben.
Auch die YSteC kann auf ihre anläßlich der Elektrifizierung beschafften Be 4/4 4 und 5 noch nicht verzichten. Sie verkehren heute als Pendelzüge mit Bt-Steuerwagen, während die kleineren Be 2/4 11 und 12 ausrangiert worden sind.

Wechselstrom-Triebwagen – Schmalspur

Bahn	Serie	Nr.	Jahr	LüP mm	t	km/h	kW	Herst.
BAM	BDe 4/4	2+3	1943	16 540	36	65	500	SWS/SAAS
	BDe 4/4	5	1949	16 840	37	65	500	SWS/SAAS
YSteC	Be 4/4	4+5	1945	18 790	37	65	440	SIG/BBC

Gleichstrom-Triebwagen

Von den typenmäßig überaus zahlreichen und durchweg nur in kleinen Stückzahlen gebauten Triebwagen der Gleichstrom-Bahnen sollen hier ergänzend zu den Einzelbeschreibungen weitere Fahrzeuge erwähnt werden, bei denen es sich zumeist um historisch interessante Einzelstücke handelt:
Schon 1901 nahm die damalige AS, die 1958 mit der schon erwähnten WTB zur WSB fusionierte, als elektrische Überlandbahn ihren Betrieb auf. Aus dem Eröffnungsjahr blieb der für Gesellschaftsfahrten umgebaute BSe 4/4 116 erhalten.
Die von der GFM-Vorgängerin CP ab 1903 beschafften und mehrfach umgebauten Triebwagen Be 4/4 107, 111 und 115 werden heute mit nostalgischen Bar- und Salonwagen als »Train-Rétro La Gruyère« für Sonderfahrten eingesetzt. Die im Kriegsjahr 1943 gebauten Be 4/4 131 bis 133 der GFM zählen zu den ältesten in Pendelzügen einsetzbaren Triebwagen.
Zu den schon früh elektrifizierten Bahnen zählt auch die MOB. Von ihren ersten Triebwagen BC(F)e 4/4 1 bis 3 aus dem Jahre 1901, die sich für die steigungsreichen Strecken schon bald als zu schwach erwiesen hatten, ist keiner erhalten geblieben. Als historisches Fahrzeug findet sich jedoch aus einer ab 1904 beschafften Serie von 14 Triebwagen der ABDe 4/4 11 noch im Bestand.
Bis in die jüngere Zeit hat die MOB ihren Fahrzeugpark häufig durch Occasionen von anderen Bahnen ergänzen können. Einer der ältesten dieser »Gastarbeiter«, der al-

ABDe 4/4 2 der ASD von 1913

BCe 2/4 70 der CJ von 1913

lerdings nur noch für Dienstzüge zum Einsatz kommt, ist der 1988 übernommene BDe 4/4 36, der 1913 für die damalige WT (später VBW, heute RBS) gebaut wurde und 1951 eine neue elektrische Ausrüstung erhielt.
Die RVO-Vorgängerin LJB beschaffte zur Betriebsaufnahme 1907 ihre ersten Fahrzeuge bei Ringhoffer in Prag. Der erhalten gebliebene, 1950 modernisierte BDe 4/4 1 besitzt noch die charakteristische schmale Fensterteilung, seit 1978 wird er als Bre 4/4 116 für Gesellschaftsfahrten eingesetzt.
Die ASD konnte erst 1987 ihre Triebwagen aus dem Eröffnungsjahr 1913 durch die modernen BDe 4/4 ersetzen. Zwei der Oldtimer sind jedoch erhalten geblieben, der ABDe 4/4 1 wird mit alten Zweiachsanhängern in bunter Werbelackierung als »Trans Ormonan Express« für Sonderfahrten angeboten.
Der von der CEV 1913 beschaffte BDe 4/4 105 ist seit vielen Jahren nur noch im Reservebestand und soll nun in privater Initiative für Nostalgiefahrten aufgearbeitet werden.
Bei der CJ ist der zwischenzeitlich zum Dienstfahrzeug degradiert gewesene BCe 2/4 70 aus dem Jahre 1913 vorbildlich restauriert worden, dabei erhielt er seine alte Farbgebung und Beschriftung wieder, die bis zur heute kaum glaublichen Aufteilung in 24 Raucher- und nur 8 Nichtraucherplätze authentisch ist.
Aus dem Jahre 1913 stammt auch der CFe 2/4 11 der BLM, er besitzt noch einen unverblechten Holzkasten und kommt neben Nostalgiefahrten auch noch im Spitzenverkehr zum Einsatz.
Der CFe 4/4 11 des RBS trägt als historisches Fahrzeug eine attraktive nostalgische Lackierung mit dem Schriftzug der Vorgängergesellschaft ESB, die den Triebwagen 1916 in Dienst stellte. Aus dem gleichen Jahr stammt auch der heutige RBS-»Pendler-Pintli« Bre 4/4 1, er erhielt jedoch 1959 einen neuen Wagenkasten sowie eine neue elektrische Ausrüstung.
Auch der aus dem Jahre 1918 stammende ABDe 4/4 11 der NStCM wird nur noch für Dienstzüge eingesetzt. Auffällig ist das wegen der früheren französischen Anschlußstrecke außergewöhnlich schmale Lichtraumprofil.
Die von der AB zur Einführung des elektrischen Betriebes auf der Strecke Gossau–Appenzell 1933 beschafften ABe 4/4 40 bis 43 markieren den Übergang vom beblechten Holzkasten zur Ganzstahlbauweise. Der Triebwagen 40 mußte 1985 nach einem Brand abgebrochen werden, auch die anderen dienen inzwischen nur noch als Einsatz-Reserve.
Die eingangs als älteste schmalspurige Adhäsionsbahn erwähnte LEB ist erst 1935 elektrifiziert worden. Aus der ersten Triebwagen-Serie steht der BDe 4/4 21 seit 1992 in einer leider wenig historischen Werbelackierung für Sonderfahrten zur Verfügung.
Aus dem Jahre 1947 stammt der zu Beginn der neunziger Jahre für die BTI zum Salon-Triebwagen »Ankerstube« umgebaute und für Gesellschaftsfahrten eingesetzte BSe 4/4 516.

ABDe 4/4 1 der NStCM von 1918

Be 4/4 131 der GFM von 1943

Be 2/3 16 der BVB von 1948

BDe 4/4 5 der CMN von 1950

Die auf der Tallinie der BVB eingesetzten Be 2/3 15 und 16 stammen aus dem Jahre 1948, die Bauart dieser kurzen Fahrzeuge mit mittlerer Laufachse war früher bei Trambahnen verbreitet.
Von der CMN wurden 1950 die BDe 4/4 1 bis 5 beschafft, sie zählen zu den wenigen Triebfahrzeugen der Schweiz, die in Italien gebaut wurden.
Die ab 1959 in Dienst gestellten BDe 4/4 11 bis 16 der FB sind inzwischen von den Be 8/8 21.22 bis 31.32 und den daraus abgeleiteten Be 4/4 51 bis 58 aus dem Regeleinsatz verdrängt worden. Diese Triebwagen sind eng verwandt mit dem Zürcher »Tram 2000«, also keine »richtigen« Eisenbahn-Fahrzeuge mehr.
Auf der ehemaligen Birsigtalbahn (heute BLT) sind 1984 die Triebwagen Be 4/4 8, 9 und 11 bis 16 ebenfalls durch Trambahn-Fahrzeuge Be 4/6 abgelöst worden. Diese wurden inzwischen durch das Einfügen eines Niederflur-Mittelteils überwiegend zu dreiteiligen Gelenk-Fahrzeugen der Reihe Be 4/8 umgebaut.
Auch auf der RBS-»Murilinie« stehen mit den Gelenk-Triebwagen Be 4/8 81 bis 89 seit 1987 Straßenbahn-Fahrzeuge im Einsatz. Sie sind eine Weiterentwicklung des »Tram 2000« und wurden auch im Hinblick auf die allerdings bis heute noch nicht realisierte Weiterführung der Linie zum Berner Hauptbahnhof beschafft.

Gleichstrom-Triebwagen – Schmalspur

Bahn	Serie	Nr.	Jahr	LüP mm	t	km/h	kW	Herst.
WSB	BSe 4/4	116	1901	16 850	28	65	286	SWS/AS/BBC
GFM	Be 4/4	107	1903	14 700	27	60	264	SWS/Alioth
	Be 4/4	111	1903	14 190	27	60	264	SWS/Alioth
	Be 4/4	115	1905	15 580	30	60	296	SWS/Alioth
	Be 4/4	131–133	1943	16 690	33	75	408	SWS/BBC
MOB	ABDe 4/4	11	1904	14 000	29	50	250	SIG/Alioth
	BDe 4/4	36	1913	15 520	27	40	368	SIG/BBC
RVO	Bre 4/4	116	1907	15 400	23	50	216	Ringhoffer/Alioth
ASD	ABDe 4/4	1+2	1913	15 460	25	50	240	SWS/BBC
CEV	BDe 4/4	105	1913	15 400	24	45	208	SWS/MFO
CJ	BCe 2/4	70	1913	14 050	22	45	126	SWS/BBC
BLM	CFe 4/4	11	1913	14 200	18	25	100	SIG/MFO
RBS	CFe 4/4	11	1916	17 480	33	75	264	SWS/MFO
	Bre 4/4	1	1916	18 490	36	75	512	SWS/MFO/SZB
NStCM	ABDe 4/4	11	1918	16 400	33	40	296	SWS/BBC
AB	ABe 4/4	41–43	1933	16 700	34	65	452	SIG/MFO
LEB	BDe 4/4	21	1935	12 500	30	60	324	SWS/SAAS
BTI	BSe 4/4	516	1947	16 540	26	60	282	SWS/MFO
BVB	Be 2/3	15+16	1948	10 730	15	40	96	SWS/SLM/MFO
CMN	BDe 4/4	1–5	1950	16 640	24	60	320	Reggiane/BBC/SAAS

Be 8/8 31/32 der FB von 1976

Be 4/8 86 der RBS-Murilinie

Bahn	Serie	Nr.	Jahr	LüP mm	t	km/h	kW	Herst.
FB	BDe 4/4	11–16	1959	16 250	29	65	364	SWS/MFO
	Be 8/8	21.22–31.32	1976	34 500	42	65	600	SWS/SWP/BBC
BLT	Be 4/6	231–266	1984	19 970	25	65	300	SWP/SE
RBS	Be 4/8	81–89	1987	31 200	36	65	300	SWP/SIG/BBC

Diesellokomotiven und -triebwagen

Auch bei den Schmalspurbahnen haben Fahrzeuge mit Verbrennungsmotoren nur eine sehr untergeordnete Bedeutung.
Die ältesten der wenigen Streckenlokomotiven kamen als Occasionen zu Schweizer Bahnen: Die 1979 von der CJ für Dienstzüge und als fahrdrahtunabhängige Reserve übernommene dieselelektrische Gm 4/4 508 wurde 1950 in Frankreich für die Voies ferrées du Dauphin gebaut, bei einer 1989 vorgenommenen Modernisierung wurde auch eine elektrische Bremse installiert.
Die den Übernamen »Jumbo« tragende Gm 4/4 111 der LSE ist 1950 in Deutschland gebaut worden, die dieselhydraulische Gelenklokomotive war bis 1974 in einem Zementwerk in Finnland im Einsatz.

Gm 4/4 111 der LSE

Eine sehr ähnliche Lok hat die FO 1980 für die Bauarbeiten des Furka-Basistunnels beschafft, auch sie stammt von der deutschen Firma Jung und hat zuvor in Finnland Dienst getan.
Eine einmalige Rarität ist der als historisches Fahrzeug restaurierte BCFm 2/4 56 der AB, der 1929 zusammen mit einem weiteren Dieseltriebwagen für die vier Jahre später dann doch elektrifizierte Strecke Gossau–Appenzell beschafft wurde.

Diesellokomotiven und -triebwagen – Schmalspur

Bahn	Serie	Nr.	Jahr	LüP mm	t	km/h	kW	Herst.
CJ	Gm 4/4	508	1950	13 300	49	60	440	B&L/Renault
LSE	Gm 4/4	111	1950	11 234	36	40	350	Jung
FO	Gm 4/4	71	1966	12 280	38	40	350	Jung
AB	BCFm 2/4	56	1929	16 400	32	50	185	SIG/Sulzer/MFO

Ge 6/6 I 411 der RhB

Die »Rhätischen Krokodile« zählen auch heute noch zu den populärsten Lokomotiven der Schweizer Eisenbahnen. Anläßlich der Elektrifizierung der Albulabahn wurden 1921 zunächst die Ge 6/6 401 bis 406 in Dienst gestellt, ein Jahr später folgten vier weitere Maschinen 407 bis 410. Die Ge 6/6 411 und 412 wurden 1925 beschafft und schließlich 1929 nochmals drei Lokomotiven 413 bis 415. Mit Ausnahme der fehlenden Laufachsen ist die Gelenk-Lokomotive eng mit den SBB-Krokodilen Ce 6/8 II von 1920 verwandt. Statt der Dreieckstangen kam aber zur Leistungsübertragung der Schrägstangen-Antrieb zur Anwendung. Die Antriebsgestelle sind über einen Brückenrahmen verbunden, sie tragen jeweils einen Fahrmotor. Die Stundenleistung von 790 kW liegt damit etwa bei der Hälfte der mit vier ähnlichen Motoren ausgerüsteten Ce 6/8 II. Die Höchstgeschwindigkeit konnte 1939 von 45 auf 55 km/h heraufgesetzt werden. Zwar wurden die Ge 6/6 seit den fünfziger Jahren von den Ge 4/4 I und den Ge 6/6 II aus den Schnellzugdiensten verdrängt, vor allem für den Güterzugverkehr blieben sie aber noch lange Zeit unentbehrlich. Nach dem Totalschaden der Lok 401 im Jahre 1974 und Ausmusterungen 1984 und 1994 stehen heute nur noch die Lokomotiven 411, 412, 414 und 415 als Reserven im Einsatzbestand.

Bahn	Serie	Nr.	Jahr	LüP mm	t	km/h	kW	Herst.
RhB	Ge 6/6 I	411...415	1925	13 300	66	55	790	SLM/BBC/MFO

Ge 4/4 I 606 der RhB

Mit den vier Ge 4/4 601 bis 604 erhielt die RhB 1947 ihre ersten laufachslosen Drehgestell-Lokomotiven. Konstruktiv stellen diese Loks quasi kleine Schwestern der Ae 4/4 der BLS und der Re 4/4 I der SBB dar. Die achtpoligen Reihenschlußmotoren sind eine gemeinsame Entwicklung von BBC und MFO. Der Hochspannungsschalter mit 28 Stufen ermöglicht eine besonders feine Zugkraftabstufung. Durch die Höchstgeschwindigkeit von 80 km/h konnte der Verkehr wesentlich beschleunigt werden. Sechs weitere Maschinen mit den Nummern 605 bis 610 wurden 1953 in Dienst gestellt. Sie sind mit der Erstlieferung fast identisch, lediglich auf die nicht zufriedenstellende Vielfachsteuerung wurde verzichtet. Ab 1962 wurden die Maschinenraum-Fenster und die Lüftungsjalousien durch Düsengitter ersetzt und die Stirnwandtüren verschweißt. 1985 begann eine umfassende Modernisierung, wobei die Loks neue Führerstandspartien mit nur noch zwei Stirnfenstern erhielten. Für den Einsatz in Pendelzügen wurde nun eine funktionierende Vielfachsteuerung eingebaut. Auch nach Indienststellung der Ge 4/4 III sind die Maschinen vorerst noch unverzichtbar, bei der geplanten Umstellung der Chur-Arosa-Bahn von Gleich- auf Wechselstrom sollen sie auch auf dieser Strecke zum Einsatz kommen.

Bahn	Serie	Nr.	Jahr	LüP mm	t	km/h	kW	Herst.
RhB	Ge 4/4 I	601–610	1947	12 100	47	80	1 176	SLM/BBC/MFO

Ge 4/4 21 der YSteC

Auf ihrer nur 24 km langen Strecke hat die YSteC einen recht beträchtlichen Güterverkehr zu bewältigen. Die anläßlich der Elektrifizierung 1945 beschafften Triebwagen wurden daher 1950 um die ursprünglich als Te 4/4 21 bezeichnete Güterzuglok ergänzt, die eine Stundenleistung von 516 kW aufweist. Richtigerweise wurde die Bezeichnung später in Ge 4/4 geändert, als Besonderheit verfügt dieses Einzelstück neben der automatischen +GF+-Zentralkupplung über Normalpuffer und Kupplungshaken für den Rollbockverkehr. Mit ihren langen Vorbauten erinnert diese Bo'Bo'-Lokomotive ein wenig an die »Krokodile« der SBB und der RhB, mit ihrer auf 55 km/h begrenzten Höchstgeschwindigkeit kommt sie vor Personenzügen nur in Ausnahmefällen zum Einsatz.

Bahn	Serie	Nr.	Jahr	LüP mm	t	km/h	kW	Herst.
YSteC	Ge 4/4	21	1950	12 870	39	55	516	SIG/BBC/YSteC

Ge 6/6 II RhB

Ge 6/6 II 702 der RhB

1958 beschaffte die RhB zunächst die beiden Ge 6/6 II 701 und 702, für die unter Beibehaltung der wichtigsten mechanischen und elektrischen Konstruktions-Elemente die Ge 4/4 von 1947 zur sechsachsigen Maschine weiterentwickelt wurde. Im Gegensatz zu den wenig älteren Ae 6/6 der SBB weisen sie jedoch nicht die Achsfolge Co'Co' auf, sondern erhielten drei zweiachsige Drehgestelle, von denen das mittlere wegen der engen Kurvenradien stark seitenbeweglich gelagert ist. Zum Ausgleich größerer Gefällsbrüche ist der Lokkasten zweigeteilt mit horizontalem Gelenk konstruiert. Bei Umbauten in den sechziger Jahren wurden moderne Mehrfachdüsengitter installiert und die Stirnwandtüren verschweißt. Fünf weitere Lokomotiven mit den Nummern 703 bis 707 wurden 1965 in Dienst gestellt. Sie unterscheiden sich von der Erstlieferung vor allem äußerlich durch den Wegfall der Stirnwandtüren und zweigeteilte Frontscheiben. Die mit einer Anfahrzugkraft von 214 kN viele Jahre stärksten Maschinen der RhB kamen auch vor dem »Glacier-Express« zum Einsatz, sie sind auch heute noch unverzichtbar, werden aber seit Indienststellung der Ge 4/4 III vorwiegend im Güterverkehr eingesetzt.

Bahn	Serie	Nr.	Jahr	LüP mm	t	km/h	kW	Herst.
RhB	Ge 6/6 II	701+702	1958	14 500	65	80	1764	SLM/BBC/MFO
	Ge 6/6 II	703–707	1965	14 500	65	80	1764	SLM/BBC/MFO

Ge 4/4 II 627 der RhB

Nicht nur in der äußeren Erscheinung, sondern auch in der Konstruktion des mechanischen Teils ist die ab 1973 für das Stammnetz der RhB beschaffte Ge 4/4 II mit der SBB-Reihe Re 4/4 II verwandt. Bei der elektrischen Ausrüstung wandte man sich jedoch dem Einsatz moderner Gleichrichtertechnik mit Thyristorsteuerung und Wellenstrommotoren zu. Ein Vergleich der Leistungsdaten mit denen der Ge 4/4 I von 1947 macht die seither erzielten Fortschritte deutlich, die Stundenzugkraft konnte von 90 auf nun 114 kN gesteigert werden, die Anfahrzugkraft von 142 auf 179 kN. Wie schon die Be-4/4-Pendelzüge von 1971 besitzen die Ge 4/4 II eine Höchstgeschwindigkeit von 90 km/h, dadurch konnte der Zugverkehr spürbar beschleunigt werden. Den zunächst gelieferten Maschinen 611 bis 620 folgten 1984/85 als zweite Serie die Lokomotiven 621 bis 633. Die Ge 4/4 II bewährten sich in allen Diensten, im Reiseverkehr konnten sie die »Rhätischen Krokodile« Ge 6/6 I von 1921 ablösen. Der schöne Brauch der Loktaufe wurde auch bei dieser Reihe beibehalten, sie trägt Namen und Wappen rhätischer Gemeinden und an den Stirnseiten zusätzlich das Bündner Wappen. Die ursprünglich grüne Lackierung ist inzwischen bei allen Loks dem aktuellen Farbdesign verkehrsrot/dunkelgrau mit silberfarbenem Trennstreifen gewichen.

Bahn	Serie	Nr.	Jahr	LüP mm	t	km/h	kW	Herst.
RhB	Ge 4/4 II	611–620	1973	12 960	50	90	1 700	SLM/BBC
	Ge 4/4 II	621–633	1984	12 960	50	90	1 700	SLM/BBC

Ge 4/4 FO

Ge 4/4 81 der FO

Für ihre Autozüge durch den neuen Furkatunnel beschaffte die FO im Jahre 1980 zwei Adhäsionslokomotiven. Statt einer kostspieligen, vollständig neuen Konstruktion wurde die elektrische Ausrüstung im wesentlichen von der erfolgreichen RhB-Bauart Ge 4/4 II übernommen. Die neuentwickelten Drehgestelle mit ihrer modernen Zugstangen-Anlenkung kamen anschließend auch bei den GDe 4/4 der MOB und der GFM zur Anwendung. Die Kastenkonstruktion mit ihren gesickten Seitenwänden wurde von den zur gleichen Zeit gebauten FO-Gepäcktriebwagen Deh 4/4 II abgeleitet. Da die beiden Lokomotiven Ge 4/4 81 und 82 bis zur Inbetriebnahme des Basistunnels im Sommer 1982 mietweise bei der RhB in den Diensten der Ge 4/4 II verkehrten, erhielten sie dort zur notwendigen Unterscheidung die Indexziffer III. In den aus Verladewagen, Rampenwagen und BDt-Steuerwagen gebildeten Pendelzügen für den Autotransport stehen sie immer auf der Seite Realp und sind darum nur einseitig mit automatischen +GF+-Kupplungen ausgestattet.

Bahn	Serie	Nr.	Jahr	LüP mm	t	km/h	kW	Herst.
FO	Ge 4/4	81+82	1980	12 900	50	90	1 700	SLM/BBC

Ge 4/4 III 645 der RhB

Die jüngste Lok-Generation der RhB wurde als Universal-Bauart sowohl für den normalen Dienst wie für die künftigen Autozüge im Vereina-Tunnel konzipiert. Die Umrichtertechnik mit GTO-Thyristor-Steuerung und Drehstrom-Asynchronmotoren ist eng verwandt mit der Re 4/4 456 und der Re 4/4 460. Der Lenkschiebelager-Antrieb mit sich radial einstellenden Achsen entspricht prinzipiell ebenfalls der »Lok 2000«. Das elegant-schnittige Erscheinungsbild mit stark geneigten Frontseiten und im Dachbereich angeordneten Lüfterreihen wird nicht durch die andernorts verbreiteten, gesickten Seitenwände geschmälert. Mit einer maximalen Leistung von 3200 kW (Dauerleistung 2400 kW), einer Dauerzugkraft von 170 kN und einer Höchstgeschwindkeit von 100 km/h wird nicht nur die Vorgängerin Ge 4/4 II, sondern auch die Ge 6/6 II übertroffen. Allerdings mußte die bei der RhB bisher auf 12,5 t beschränkte Achslast auf 15,5 t angehoben werden. Die ab Ende 1993 gelieferten neuen Maschinen 641 bis 649, denen weitere folgen sollen, besitzen normale RhB-Kupplungen. Sie sind aber für die Autozüge zum schnellen Umbau auf automatische Kupplungen vorbereitet.
Die BAM erhielt aus der gleichen Serie ihre Lokomotiven 21 und 22, die allerdings für die Beförderung schwerer Rollbockzüge mit Normalspurpuffern ausgerüstet wurden und eine Lackierung in den Hausfarben grün/weiß tragen.

Bahn	Serie	Nr.	Jahr	LüP mm	t	km/h	kW	Herst.
RhB	Ge 4/4 III	641–649	1993	15 500	62	100	3 200	SLM/BBC
BAM	Ge 4/4	21+22	1994	15 500	62	100	3 200	SLM/BBC

DZe 6/6 MOB

DZe 6/6 2002 der MOB

Für den Tourismusverkehr auf der Strecke Montreux–Zweisimmen mit Umsteigen in Interlaken richtete die MOB im Jahre 1931 zusammen mit der BLS und der CIWL den »Golden-Mountain-Pullmann-Express« ein. Als die MOB ein Jahr später die beiden hierfür bestellten Zugmaschinen FZe 6/6 erhielt, waren die Luxuszüge infolge der Wirtschaftskrise jedoch schon wieder eingestellt worden. Mit einer Stundenleistung von 736 kW zählen die wegen ihrer Gepäckabteile nicht als Lokomotiven, sondern als Triebwagen bezeichneten Maschinen zu den stärksten Schmalspurfahrzeugen jener Zeit. Der geteilte Wagenkasten stützt sich auf einem gemeinsamen mittleren Drehgestell ab. Außer vor Güterzügen wurden DZe 6/6 2001 und 2002 zuletzt auf der Talstrecke Zweisimmen–Lenk vor dem »Panoramic-Express« eingesetzt. Inzwischen sind sie remisiert, eine der Maschinen soll jedoch für Nostalgie-Züge aufgearbeitet werden.

Bahn	Serie	Nr.	Jahr	LüP mm	t	km/h	kW	Herst.
MOB	DZe 6/6	2001+2002	1932	17 000	63	55	736	SIG/BBC

De 4/4 411 der CJ

Anläßlich ihrer Elektrifizierung beschaffte die CJ im Jahre 1952 außer acht BDe 4/4 auch drei Gepäcktriebwagen. Das Haupteinsatzgebiet dieser De 4/4 war und ist der Güterverkehr, von dem ein wesentlicher Teil mit modernen Rollböcken abgewickelt wird. Mit einer Stundenleistung von 544 kW und einer Stundenzugkraft von 68 kN sind die De 4/4 daher wesentlich stärker motorisiert als die gleich alten Personentriebwagen. Während die beiden De 4/4 401 und 402 noch weitgehend im Originalzustand sind, erfuhr der De 4/4 403 im Jahre 1987 eine durchgreifende Modernisierung, seither trägt er die neue Nummer 411. Er erhielt eine neue elektrische Ausrüstung, die wie die ebenfalls neuen Drehgestelle den modernen Triebwagen BDe 4/4 von 1985 entspricht. Damit konnte die Höchstgeschwindigkeit auf 90 km/h und die Stundenleistung auf 820 kW angehoben werden. Neben der normalen Bremseinrichtung wurde eine Magnetschienenbremse installiert. Von den »kleineren Brüdern« unterscheidet er sich auch durch massive Lampeneinfassungen, die als Notpuffer für den Rollbockbetrieb ausgebildet sind. Alle drei De 4/4 sind mit Vielfachsteuerung ausgerüstet, sie können daher im Bedarfsfall auch in Pendelzügen eingesetzt werden.

Bahn	Serie	Nr.	Jahr	LüP mm	t	km/h	kW	Herst.	Anm.
CJ	De 4/4	401+402	1952	11 940	36	60	544	SIG/SAAS	
	De 4/4	411	1987	11 940	41	90	820	SIG/BBC/FFA	1)

1) Umbau aus De 4/4 403 von 1953

De 4/4 103 der RBS (SZB)

Die dem Rollbockverkehr dienenden Gepäcktriebwagen des RBS sind in den bahneigenen Werkstätten überwiegend durch Umbau und Modernisierung aus älteren Fahrzeugen entstanden. 1959 entstand aus der Güterzuglok Ge 4/4 60 der De 4/4 105. Dieser Gepäcktriebwagen wurde umschaltbar für 1200 und 800 V ausgerüstet, um sowohl auf der Worblental- als auch auf der Murilinie der RBS-Vorgängerin VBW eingesetzt werden zu können. 1961 bzw. 1965 wurden ebenfalls in Eigenregie der SZB unter Verwendung unterschiedlicher Altbau-Fahrzeuge die De 4/4 101 und 102 gebaut. 1975 folgte schließlich der De 4/4 103, der sich zwar äußerlich kaum von den anderen Gepäcktriebwagen unterscheidet, allerdings über eine moderne Chopper-Steuerung verfügt, die vor allem für die schweren Rollbockzüge von Vorteil ist, jedoch nicht frei von Kinderkrankheiten war. Mitte der achtziger Jahre erhielten die De 4/4 für den Einsatz auf Dreischienengleisen ihre typischen, asymetrisch angebrachten und überdimensionierten Normalspurpuffer.

Bahn	Serie	Nr.	Jahr	LüP mm	t	km/h	kW	Herst.
RBS	De 4/4	101	1961	13 000	34	50	264	SZB/MFO
	De 4/4	102	1965	13 000	34	50	264	SZB/MFO
	De 4/4	103	1975	13 680	40	40	548	SZB/BBC/AEG
	De 4/4	105	1959	10 700	32	50	412	SZB/SIG/MFO

De 4/4 45 der WSB

Für ihren Güterverkehr mit schweren Rollbockzügen hatten schon die WSB-Vorgängerbahnen AS und WTB seit jeher Gepäcktriebwagen im Einsatz. 1974 wurden die drei modernen De 4/4 43 bis 45 beschafft, mit denen schon recht betagte Vorgänger-Fahrzeuge aus dem Regeleinsatz abgelöst werden konnten. Die leistungsfähigen Maschinen verfügen als erste ihrer Art über eine Chopper-Steuerung mit Thyristor-Gleichstromstellern, die wegen der stufenlosen Steuerung gerade im Güterzugdienst vorteilhaft ist.

Bahn	Serie	Nr.	Jahr	LüP mm	t	km/h	kW	Herst.
WSB	De 4/4	43–45	1974	14 170	46	60	536	SWS/SE/BBC

GDe 4/4 6002 der MOB

GDe 4/4 102 der GFM

In einer Gemeinschaftsbestellung beschafften die benachbarten Bahnen MOB und GFM 1983 sechs moderne Triebfahrzeuge für schwere Güterzüge und den MOB-Panoramic-Express. Mit einer Stundenleistung von 1052 kW und einer Anfahrzugkraft von 170 kN waren die GDe 4/4 6001 bis 6004 der MOB und GDe 4/4 101 und 102 damals die stärksten Gleichstrom-Fahrzeuge der Schweiz. Trotz ihrer Gepäckabteile wurden sie abweichend von den allgemeinen Gepflogenheiten (z.B. Deh 4/4 der FO und der BVZ) richtigerweise nicht als Triebwagen, sondern als Lokomotiven bezeichnet. Die Maschinen sind mit Wellenstrommotoren und stufenloser Choppersteuerung sowie einer kombinierten Nutz- und Widerstandsbremse ausgerüstet. Im mechanischen Teil konnte auf bereits bewährte Konstruktionen zurückgegriffen werden, so bei den Drehgestellen mit Anlenkung über Zugstangen auf die der FO-Adhäsionslokomotiven Ge 4/4 von 1980. Der Kasten trägt das gleiche gesickte »Wellblech-Design« wie die Deh 4/4 II der FO von 1979 und viele spätere SLM-Konstruktionen. Erst mit den Ge 4/4 der RhB, der BAM und der MOB von 1993 wurde bewiesen, daß es noch möglich ist, Lokomotiven mit glatten Seitenwänden zu bauen. Die Führerraumtüren liegen an den Stirnseiten neben den großen Frontscheiben, so ist über kleine Plattformen auch ein Übergang zwischen Lok und Wagen möglich. Für den Rollbockverkehr wurden schwenkbare Kuppelstangen installiert. Die Lok 6003 fuhr am 3. November 1983 auf der MOB-Talstrecke Zweisimmen–Lenk mit 110 km/h Schweizer Schmalspur-Rekord, im Normalbetrieb beträgt die Höchstgeschwindigkeit 90 km/h. Die Maschinen der MOB und der GFM unterscheiden sich äußerlich durch ihr Farbdesign in den jeweiligen Hausfarben blau/creme beziehungsweise silbergrau/orange. Für den Einsatz in ihrem Starzug »Crystal-Panoramic-Express« ließ die MOB 1993 die Loks 6003 und 6004 farblich anpassen, die zunächst vorgesehene Anpassung des Aufbaues unter Verzicht auf die nun nicht mehr benötigten Führerstände ist jedoch unterblieben.

Bahn	Serie	Nr.	Jahr	LüP mm	t	km/h	kW	Herst.
MOB	GDe 4/4	6001–6004	1983	16 400	48	90	1 052	SLM/BBC
GFM	GDe 4/4	101+102	1983	16 400	48	90	1 052	SLM/BBC

Ge 4/4 8001 der MOB

Die 1995 von der MOB als Universallokomotiven in Dienst gestellten Ge 4/4 8001 bis 8004 sind im mechanischen Teil bis hin zur charakteristischen Frontpartie eng verwandt mit den Ge 4/4 III der RhB und der BAM. Für die mit Gleichstrom betriebene MOB war jedoch die elektrische Ausrüstung neu zu entwickeln. Wegen der niedrigen Fahrspannung von nur 900 V wurde die moderne Drehstromausrüstung mit achsselektivem Antrieb, also vier separaten Wechselrichtern, ausgestattet. Mit Blick auf das »Golden-Pass-Projekt« einer dritten Schiene zwischen Zweisimmen und Interlaken wurden die Ge 4/4 bereits zur Nachrüstung als Zweisystem-Fahrzeuge vorgesehen, damit dann direkte Züge Montreux–Luzern auf der Tallinie bis Meiringen auch unter dem SBB-Wechselstrom 15 kV 16 2/3 Hz geführt werden können. Eine Vielfachsteuerung ermöglicht die Doppeltraktion auch mit den älteren GDe 4/4 und den Einsatz mit den Panoramic-Steuerwagen Arst und Ast. Wegen der Steilstrecken mit Steigungen bis zu 73 ‰ sind die Lokomotiven mit Magnetschienenbremsen ausgerüstet. Mit einer Stundenleistung von 3200 kW und einer Anfahrzugkraft von 200 kN zählen die Ge 4/4 zu den derzeit stärksten Schmalspurlokomotiven.

Bahn	Serie	Nr.	Jahr	LüP mm	t	km/h	kW	Herst.
MOB	Ge 4/4	8001–8004	1995	16 100	64	120	3 200	SLM/ABB

Gem 4/4 802 der RhB-BB

Mit den Gem 4/4 801 und 802 besitzt die RhB seit 1968 zwei Zweikraft-Fahrzeuge, die auf dem Wechselstrom-Stammnetz als Diesellokomotiven verkehren können, überwiegend jedoch zur Verstärkung der Triebwagen-Flotte auf der mit Gleichstrom 1000 V elektrifizierten Berninabahn zum Einsatz kommen. Sie verfügen daher über eine Vielfachsteuerung, die mit den Bernina-Triebwagen kompatibel ist, nicht jedoch mit den Lokomotiven und Triebwagen des Stammnetzes. Der Zwölf-Zylinder-Schiffsdieselmotor speist über einen Generator die Fahrmotoren, die wie die gesamten Drehgestelle gleicher Bauart sind wie die der Triebwagen ABe 4/4 II von 1964. So beträgt die Stundenleistung denn auch beim Gleichstrombetrieb »unter Draht« ebenso 680 kW, während sie beim thermischen Betrieb mit 775 kW etwas höher liegt. Zwei konstruktiv eng verwandte Lokomotiven finden wir als HGm 4/4 bei der FO, allerdings handelt es sich hier um reine Diesellokomotiven, die einen kombinierten Adhäsions- und Zahnradantrieb aufweisen.

Bahn	Serie	Nr.	Jahr	LüP mm	t	km/h	kW	Herst.
RhB	Gem 4/4	801+802	1968	13 540	50	65	926	SLM/Cum/BBC/ MFO/SAAS

Gm 4/4 2004 der MOB

Für Rollbockzüge, für Bauzüge und auch als fahrdrahtunabhängige Reserve bei Störungen der Stromversorgung wurde 1976 von der MOB zunächst die Gm 4/4 2003 beschafft. Im Jahre 1982 folgte die baugleiche Maschine 2004. Die dieselelektrischen Lokomotiven stammen von dem französischen Hersteller Moyse, der kleinere Rangierlokomotiven zuvor auch schon für die RhB und die BVZ gebaut hatte. Über einen Dreiphasen-Generator werden die beiden zentral zwischen den Drehgestellen eingebauten und gekuppelten Fahrmotoren versorgt, der Antrieb erfolgt über Kardanwellen und Kegelgetriebe. Durch die auf dem Dach des Mittelführerstandes plazierten Schalldämpfer wird der kraftvolle Eindruck der Lokomotiven mit ihren volumigen Vorbauten noch verstärkt. Für den Einsatz vor Rollbockzügen sind die Gm 4/4 mit Kuppelstangen ausgerüstet.

Bahn	Serie	Nr.	Jahr	LüP mm	t	km/h	kW	Herst.
MOB	Gm 4/4	2003+2004	1976	12 000	44	80	515	Moyse/CFD

ABe 4/4 503 der RhB

Für den nach Vorbild der SBB und der BLS eingerichteten Leichtverkehr beschaffte die RhB 1939 ihre ersten Triebwagen. Die vier BCe 4/4 501 bis 504 erhielten wegen ihrer für damalige Verhältnisse ungewöhnlichen Höchstgeschwindigkeit von 65 km/h schon bald den Übernamen »Fliegender Rhätier«. Mit einer Stundenleistung von 440 kW und einer Stundenzugkraft von 38 kN waren sie ausreichend motorisiert, um die ebenfalls neu beschafften und nur 14 t wiegenden Mitteleinstiegs-Leichtstahlwagen zu befördern. Ab 1946 wurden die Motoren von Eigen- auf Fremdbelüftung umgebaut und die Nockenschaltwerke durch moderne Hüpfersteuerungen ersetzt. In den sechziger Jahren erfolgte der Einbau einer Vielfachsteuerung für Doppeltraktion, die leichten Triebwagen wurden nun vorwiegend im Regionalzugdienst eingesetzt. Die ursprünglich an den Übergängen befindlichen Faltenbälge waren damals entfernt worden. Sie wurden jedoch am Erster-Klasse-Ende wieder installiert, als zu Beginn der achtziger Jahre die ABe 4/4 für den Pendelzugbetrieb tauglich gemacht wurden um künftig mit BDt-Steuerwagen zum Einsatz zu kommen.

Bahn	Serie	Nr.	Jahr	LüP mm	t	km/h	kW	Herst.
RhB	ABe 4/4	501–504	1939	18 000	40	70	440	SWS/BBC/MFO

Be 4/4 513 der RhB

1971 beschaffte die RhB für den Regionalverkehr auf ihrem Stammnetz zunächst vier Pendelzüge mit den Triebwagen Be 4/4 511 bis 514, ABDt-Steuerwagen und B-Zwischenwagen. Die eine Stundenleistung von 780 kW erreichenden Triebwagen waren die ersten Serienfahrzeuge der Schweiz in Gleichrichtertechnik mit stufenloser Thyristorsteuerung. Zwar besaßen die Triebwagen zunächst noch zwei Führerstände, wiesen jedoch nur noch an einem Fahrzeugende mit Faltenbalg geschützte Stirnwandübergänge auf, während die eigentliche Frontseite mit ihren großen Führerstandsfenstern ein wenig an die Re 4/4 II der SBB und die spätere Ge 4/4 I der RhB erinnert. Die rückwärtigen Führerstände wurden später ausgebaut und für die 1979 nachgebauten Triebwagen Be 4/4 515 und 516 sowie die zugehörigen Steuerwagen verwendet. Abweichend vom sonstigen Rollmaterial der RhB erhielten die für Mehrfachtraktion eingerichteten Be 4/4 und die Steuerwagen automatische Kupplungen. Die sechs Pendelzüge kommen hauptsächlich auf den Strecken Chur–Thusis und Chur–Landquart zum Einsatz, wo sie mit ihrer Höchstgeschwindigkeit von 90 km/h vor allem den Berufsverkehr deutlich beschleunigt haben.
Die BAM und die YSteC sind neben der RhB die einzigen mit Wechselstrom betriebenen schmalspurigen Adhäsionsbahnen der Schweiz. Abweichend von der bei der RhB reduzierten Spannung von 11,5 kV beträgt sie bei den erst in den vierziger Jahren elektrifizierten Bahnen jedoch entsprechend dem Normalspur-Standard 15 kV. Bei der Erstbeschaffung von elektrischen Triebwagen in den Jahren 1943 bzw. 1945 waren beide Bahnen noch völlig getrennte Wege gegangen. Die 1981 in Dienst gestellten Pendelzug-Triebwagen Be 4/4 11 bis 13 der BAM und Be 4/4 1 bis 3 der YSteC und die zugehörigen Bt-Steuerwagen entstammen jedoch einer durch das Bundesamt für Verkehr koordinierten Gemeinschafts-Bestellung. Im elektrischen Teil wie auch im grundsätzlichen Aufbau des mechanischen Teils handelt es sich bei diesen Be 4/4 um eine Wei-

Be 4/4 11 der BAM

Be 4/4 3 der YSteC

terentwicklung der RhB-Pendelzug-Triebwagen von 1971/79, während der Kasten, auch bedingt durch den Bau bei ACMV statt bei den FFA, weit weniger Gemeinsamkeiten aufweist. Äußerlich unterscheiden sie sich durch die Beibehaltung der klassischen Stirnwand-Übergänge von den RhB-Triebwagen, durch die stark gebogenen Führerstands-Scheiben ähneln sie den Be 4/4 der GFM von 1977. Die Pendelzüge sind mit automatischen +GF+-Zentralkupplungen ausgerüstet. Für den Rollbock-Betrieb erhielten die Be 4/4 der BAM zusätzliche Kuppelstangen. Da offenbar auch moderne Thyristoren vor Aberglauben nicht schützen, erhielt der ursprüngliche Be 4/4 13 der BAM 1983 die Nummer 14.

Bahn	Serie	Nr.	Jahr	LüP mm	t	km/h	kW	Herst.
RhB	Be 4/4	511–514	1971	18 700	45	90	780	FFA/SIG/SAAS
	Be 4/4	515+516	1979	18 700	45	90	780	FFA/SIG/SAAS
BAM	Be 4/4	11,12,14	1981	18 750	45	75	780	ACMV/SIG/SAAS
YSteC	Be 4/4	1-3	1981	18 750	45	75	780	ACMV/SIG/SAAS

ABe 4/4 (I)

ABe 4/4 32 der RhB-BB

Die heutigen ABe 4/4 31, 32, 34 und 35 bis 37 der RhB wurden schon 1908/09 in Dienst gestellt, sie sind die letzten Exemplare der zur Betriebsaufnahme der Berninabahn beschafften Triebwagen BCe 4/4 1 bis 14. Der ebenfalls noch erhaltene ABe 4/4 30 stammt aus einer Nachbauserie des Jahres 1911, er ist etwas länger als die vorerwähnten und wies als BCFe 4/4 21 ursprünglich auch ein Gepäckabteil auf. Im Laufe der Zeit wurden die Triebwagen mehrfach modernisiert und dabei auch umgenummert, so wurden die Lyrabügel durch Scheren- oder Einholmstromabnehmer ersetzt, die Widerstände verstärkt und von den Untergestellen auf die Dächer verlegt, die Seitenwände wurden nach unten verlängert und die Kastenbleche verschweißt. Auf der Berninabahn stehen die Oldtimer heute nur noch als Betriebsreserve und für Dienstzüge im Einsatz, die ABe 4/4 30 bis 34 können jedoch vom 1000-Volt-Betrieb der Berninabahn für die mit 2200 Volt betriebene Chur-Arosa-Bahn umgeschaltet werden und sind dort bis zur Umstellung auf Wechselstrombetrieb als Aushilfen noch unentbehrlich.

Bahn	Serie	Nr.	Jahr	LüP mm	t	km/h	kW	Herst.	Anm.
RhB	ABe 4/4 (I)	31,32,34	1908	13 390	30	55	382	SIG/SAAS	1), 4)
	ABe 4/4 (I)	35-37	1908	13 930	30	55	426	SIG/SAAS/MFO	2)
	ABe 4/4 (I)	30	1911	14 660	31	55	426	SIG/SAAS/MFO	3), 4)

1) urspr. BCe 4/4 1, 2, 4
2) urspr. BCe 4/4 10, 14, 12
3) urspr. BCFe 4/4 22
4) ABe 4/4 30-34 umschaltbar für Einsatz auf ChA

BDe 4/4 3004 der MOB [Foto: M.Rosenberger]

1944 erhielt die MOB mit den damaligen CFe, heute BDe 4/4 3001 bis 3004, ihre ersten, »Autorails« genannten Leichttriebwagen. Zwei weitere folgten 1946, bei diesen wurde zugunsten eines größeren Gepäckabteils das Platzangebot von 32 auf 24 Sitze reduziert. Die mit Hochspannungsmotoren in Serienschaltung und BBC-Hohlwellenantrieb ausgestatteten Triebwagen wurden auch für Vielfachsteuerung eingerichtet. 1974 bzw. 1981 wurden die Fahrzeuge 3002 und 3001 für den Pendelzugeinsatz umgebaut, indem jeweils ein Führerstand zugunsten weiterer Sitzplätze entfernt und in die ABt-Steuerwagen übernommen wurde. 1979 im dunkelblau-cremefarbenen Design den neuen Wagen angepaßt, sind die BDe 4/4 3003 bis 3006 bis zur Beschaffung der GDe-4/4-Lokomotiven vor dem »Panoramic-Express« eingesetzt worden. 1985/86 verloren auch die Fahrzeuge 3005 und 3006 jeweils einen Führerstand, der in die neuen »Grande vue«-Steuerwagen Ast eingebaut wurde. In der interessanten Reihung Ast-BDe-BDe-Ars-Ast verkehrend, kamen die schon etwas betagten Triebwagen dann noch im »Superpanoramic-Express« zu Ehren. Der BDe 4/4 3005 erhielt bei dieser Gelegenheit eine von einem Schokoladenhersteller gesponserte, pseudo-rustikale Inneneinrichtung im Arvenstübli-Look.

Bahn	Serie	Nr.	Jahr	LüP mm	t	km/h	kW	Herst.
MOB	BDe 4/4	3001–3004	1944	16 520	36	75	460	SIG/BBC
	BDe 4/4	3005+3006	1946	16 620	36	75	460	SIG/BBC

BDre 4/4 23 der RBS

Aus den Jahren 1950 bzw. 1955 stammen die RBS-Triebwagen BDre 4/4 4 und 21 bis 23, die von den damaligen SZB als BCFe 4/4 für den Überlandverkehr Bern–Solothurn bzw. als CFe 4/4 für den Vorortsverkehr beschafft worden sind. Ab 1971 sind die Triebwagen 21 bis 23 nach dem Einbau neuer, stärker motorisierter Drehgestelle ebenfalls für den Überlandbetrieb eingesetzt worden. Zur Attraktivitäts-Verbesserung der Städteverbindungen ließ die SZB 1981 zunächst den Triebwagen 4 in einen »Billettbar-Wagen« umbauen: Die Installation von Tischen und einem Bartresen für den Verkauf von Getränken, kleinen Speisen und Fahrscheinen bescherte dem Triebwagen die neue Gattungs-Bezeichnung BDre, verbessert wurde auch die Bestuhlung und die Übergänge zum ABt-Steuerwagen wurden nach Ausbau der Führerstände mit einem Faltenbalg geschützt. Das Konzept »Billettbar« war so erfolgreich, daß bis 1986 auch die Triebwagen 21 bis 23 zu BDre umgebaut worden sind. Heute kommen die bei den Pendlern beliebten Triebwagen 21 bis 23 nur noch als Betriebsreserve zum Einsatz, der BDre 4/4 4 ist für den Abbruch vorgesehen.

Bahn	Serie	Nr.	Jahr	LüP mm	t	km/h	kW	Herst.	Anm.
RBS	BDre 4/4	4	1950	19100	35	75	512	SWS/MFO	1)
	BDre 4/4	21–23	1955	19100	34	75	512	SWS/MFO	2)

1) urspr. BCFe 4/4, Umbau 1981
2) urspr.CFe 4/4, Umbau ab 1983

BDe 4/4 I CJ

BDe 4/4 I 605 der CJ [Foto: E. Romanowski]

Zur Umstellung bzw. Einführung des elektrischen Betriebes mit 1500 V Gleichstrom auf ihrem gesamten Meterspurnetz beschaffte die CJ im Jahre 1953 die acht Triebwagen BDe 4/4 601 bis 608 sowie dazu passende Bt-Steuerwagen. Die eine Stundenleistung von 332 kW und eine Höchstgeschwindigkeit von 70 km/h aufweisenden Triebwagen können als typische Fahrzeuge der fünfziger Jahre angesehen werden, wie sie in zum Teil sehr kleinen Stückzahlen auch von anderen Bahnen beschafft worden sind. Die je nach Verkehrslage um Zwischenwagen verstärkten Pendelzüge bewältigten bis zur Indienststellung der BDe 4/4 II den gesamten planmäßigen Personenverkehr. In einer 1988 mit dem Triebwagen 605 begonnenen Modernisierungsaktion erhalten sie nicht nur eine allgemeine Auffrischung, sondern auch das neue Lackierungsschema der CJ.

Bahn	Serie	Nr.	Jahr	LüP mm	t	km/h	kW	Herst.
CJ	BDe 4/4 I	601–608	1953	16760	27	70	332	SIG/SAAS

ABDe 4/4 481 der RhB-ChA

Die Chur-Arosa-Bahn wird seit ihrer Eröffnung im Jahre 1914 mit Gleichstrom der ungewöhnlich hohen Spannung von 2200 V betrieben. 1957/58 wurden von der RhB die sechs Triebwagen ABDe 4/4 481 bis 486 sowie ABt-Steuerwagen in Dienst gestellt. Die Anfahrzugkraft der für 65 km/h zugelassenen Triebwagen beträgt 113 kN, die Stundenleistung 500 kW. Für die ebenfalls mit Gleichstrom, jedoch nur einer Spannung von 1500 V betriebene Misoxer Bahn wurde gleichzeitig der Triebwagen BDe 4/4 491 beschafft, der unter Verzicht auf das 1.-Klasse-Abteil einen größeren Gepäckraum aufweist und eine Druckluft- statt einer Vakuumbremse aufweist. Die ChA-Triebwagen 483 und 484 sind auch für einen allfälligen Einsatz auf der Misoxer Bahn eingerichtet worden.
Für die ChA wurden 1973 zwei weitere Triebwagen beschafft. Bei diesen ABe 4/4 487 und 488 ist zwar die elektrische Ausrüstung der Serie von 1957 im Prinzip beibehalten worden, die Kästen entsprechen jedoch bis auf einige Details den im Jahr zuvor für die Berninabahn gelieferten ABe 4/4 47 bis 49, abweichend von diesen besitzen sie nur einen Einholm-Stromabnehmer.

Bahn	Serie	Nr.	Jahr	LüP mm	t	km/h	kW	Herst.	Anm.
RhB	ABDe 4/4	481–486	1957	17770	43	65	500	SWS/BBC	
	ABe 4/4	487+488	1973	16890	45	65	500	SWS/BBC/SAAS	
	BDe 4/4	491	1958	17770	41	65	676	SWS/BBC	1)

1) nur für Bellinzona–Mesocco

ABe 4/4 (II) RhB-BB

ABe 4/4 48 der RhB-BB

Um dem wachsenden Verkehrsaufkommen auf der Berninabahn gerecht werden zu können, beschaffte die RhB ab 1964 neue Gleichstrom-Triebwagen, die wie die ABe 4/4 I aus dem Jahre 1908 für Doppeltraktion geeignet sind, nicht jedoch für den fallweisen Einsatz auf der Chur-Arosa-Bahn. Die Stundenzugkraft konnte mit 106 kN gegenüber den 57 kN der Vorgänger fast verdoppelt werden, die Höchstgeschwindigkeit wurde von 55 auf 65 km/h gesteigert. Der für Triebwagen etwas ungewöhnliche, jedoch platzsparende Grundriß mit nur einem Einstieg etwa in Fahrzeugmitte wurde von den ABDe 4/4 der ChA übernommen. 1964 wurden zunächst die ABe 4/4 41 bis 45 in Dienst gestellt, 1965 folgte der ABe 4/4 46. Drei weitere Triebwagen wurden 1972 beschafft, sie sind im elektrischen Teil mit der ersten Lieferserie im Prinzip identisch, weisen jedoch einen etwas längeren Kasten und eine veränderte Drehgestell-Abfederung auf.

Bahn	Serie	Nr.	Jahr	LüP mm	t	km/h	kW	Herst.
RhB	ABe 4/4 (II)	41–46	1964	16 540	41	65	680	SWS/BBC/SAAS/MFO
	ABe 4/4 (II)	47–49	1972	16 890	43	65	680	SWS/BBC/SAAS

Be 4/4 2 (heute 502) der BTI

Die in der OSST-Gruppe zusammenarbeitenden Schmalspurbahnen BTI, RVO (früher OJB) und SNB sowie die LEB besitzen technisch eng verwandte Triebwagen, die als typische Schmalspur-Fahrzeuge der sechziger Jahre anzusehen sind:
Die heutigen Be 4/4 501 bis 505 der BTI sind 1965 bzw. 1970 von der SZB (heute RBS) für den Vorortverkehr beschafft worden, sie trugen dort die Nummern 24 bis 28. Mit einer LüP von 19570 mm zählen sie zu den längsten schmalspurigen Triebfahrzeugen. Der Antrieb erfolgt in bewährter Form über Tatzlagermotoren mit elektropneumatischer Hüpfersteuerung, die Zugkraft beträgt 36 kN, die Stundenleistung 368 kW. Vier der zusammen mit Bt-Steuerwagen als Pendelzüge eingesetzten Be 4/4 wurden schon 1974/75 nach Indienststellung der Be 4/8 bei der SZB entbehrlich und konnten von der BTI übernommen werden, 1978 folgte auch der fünfte Triebwagen, in der neuen Heimat trugen sie zunächst die Betriebsnummern 1 bis 5.
Die OJB (heute RVO) und die benachbarte SNB beschafften von 1966 bis 1978 die sechs Triebwagen Be 4/4 81 bis 86. Im elektrischen und im mechanischen Teil sind sie fast baugleich mit den zuvor beschriebenen BTI-Fahrzeugen, mit einer LüP von 18070 mm allerdings um eine Abteillänge kürzer.
Sie werden mit Bt-Steuerwagen als Pendelzüge eingesetzt und tragen heute nach dem 1985 eingeführten Schema der OSST-Gruppe die Nummern 101 und 102 bzw. 301 bis 304 sowie eine einheitliche Lackierung mit der gemeinsamen Aufschrift »Oberaargau-Solothurn«. Der auf den ersten Blick identische Be 4/4 103 entstand 1973 aus einem verunfallten älteren Triebwagen.
Die LEB stellte 1966 die Be 4/4 26 und 27 mit passenden Steuerwagen in Dienst. Bei diesen Fahrzeugen entsprechen die Wagenkästen im Prinzip den Be 4/4 der RVO und SNB, mit einer Leistung von 588 kW sind sie jedoch deutlich stärker motorisiert und außerdem mit einer Höchstgeschwindigkeit von 80 km/h schneller als die Triebwagen der OSST-Gruppe (60 km/h).

Be 4/4 103 der RVO

Be 4/4 26 der LEB

Bahn	Serie	Nr.	Jahr	LüP mm	t	km/h	kW	Herst.
BTI	Be 4/4	501–505	1965	19570	33	65	368	SWS/MFO
SNB	Be 4/4	301–304	1966	18070	32	60	368	SWS/MFO/BBC
RVO	Be 4/4	101+102	1966	18070	32	60	368	SWS/MFO/BBC
	Be 4/4	103	1973	18070	32	60	308	SWS/SAAS/OJB
LEB	Be 4/4	26+27	1966	18070	35	80	588	SWS/SAAS

Be 4/4 WSB

Be 4/4 17 der WSB

Die 1965 von der WSB beschafften sechs Be 4/4 9 bis 14 stellen eine Weiterentwicklung der für die Vorgängergesellschaft WTB im Jahre 1954 gelieferten Be 4/4 7 und 8 dar, sie sind jedoch stärker motorisiert und im wagenbaulichen Teil mit den zuvor beschriebenen und gleich alten Be 4/4 der OSST-Gruppe verwandt. Zur Bildung von Pendelzügen wurden auch BDt-Steuerwagen sowie B-Zwischenwagen mit gleichen Wagenkästen beschafft. Als 1978 zum Ersatz von Altbau-Fahrzeugen und zur Bewältigung des gestiegenen Verkehrsaufkommens die Beschaffung von 13 weiteren Pendelzügen anstand, behielt man zugunsten eines homogenen Fahrzeugparks die bewährte Konstruktion im wesentlichen bei. Auf die Möglichkeit eines allfälligen Solo-Einsatzes konnte jedoch verzichtet werden, die Triebwagen erhielten daher nur einen Führerstand, stattdessen wurden die B-Wagen von 1965 zu Bt-Steuerwagen umgebaut. Auch durch die Stirnseiten mit zwei großen Fenstern statt der Führerstands-Übergänge und die modernen Einholm-Stromabnehmer unterscheiden sich die Be 4/4 15 bis 27 von den Vorgängern.

Bahn	Serie	Nr.	Jahr	LüP mm	t	km/h	kW	Herst.
WSB	Be 4/4	9–14	1965	17 350	29	80	448	SWS/BBC
	Be 4/4	15–27	1978	17 560	31	80	448	SWS/BBC

Be 4/4 104 der AOMC

Die heute auf der Talstrecke der AOMC eingesetzten Be 4/4 wurden 1966 von der Birsigtalbahn (heute BLT) als ABe 4/4 11 bis 16 beschafft. Die mit Rücksicht auf den innerstädtischen Streckenabschnitt in Basel nur 2500 mm breiten Fahrzeuge wurden meist in dreiteiligen Pendelzügen, bei Bedarf auch in Doppeltraktion, eingesetzt. 1973 sind sie zu einklassigen Be 4/4 umgezeichnet worden. 1984 wurden die Pendelzüge bei der BLT durch die Gelenk-Triebwagen Be 4/6 in Straßenbahn-Bauart abgelöst und konnten als Occasionsfahrzeuge von der AOMC übernommen werden. Drei der Bt-Steuerwagen sind heute auf der mit der AOMC in der TPC-Gruppe zussammenarbeitenden ASD im Einsatz, der ehemalige Be 4/4 15 der BLT mußte schon wenige Monate nach seinem Verkauf nach einem Kabelbrand ausrangiert werden, die verbliebenen Triebwagen tragen bei der AOMC heute die Nummern 101 bis 105.

Bahn	Serie	Nr.	Jahr	LüP mm	t	km/h	kW	Herst.	Anm.
AOMC	Be 4/4	101–105	1966	17210	27	65	380	SWP/BBC	1)

1) urspr. BLT Be 4/4 11-14, 16

Be 4/4 BLM

Be 4/4 23 der BLM

Bei der BLM finden wir heute noch ein zweigeteilten Betrieb, wie er ursprünglich auch für andere Bergbahnen projektiert worden war, die dann aber zumeist als reine Zahnradbahnen oder als kombinierte Bahnen gebaut worden sind: Von Lauterbrunnen hinauf zur Grütschalp führt eine Standseilbahn mit einem Neigungswinkel von mehr als 600 ‰, weiter zum autofreien Mürren führt eine reine Adhäsionsbahn mit Steigungen von nur 50 ‰. Zur Ablösung der aus dem Jahre 1913 stammenden CFe 2/4 erhielt die BLM 1967 die drei Triebwagen Be 4/4 21 bis 23. Ihre Höchstgeschwindigkeit beträgt recht bescheidene 30 km/h, die Stundenleistung beträgt 200 kW. Sie sind zwar als Solofahrzeuge konzipiert, besitzen aber +GF+-Kupplungen zur Beförderung der zweiachsigen offenen Güterwagen.

Bahn	Serie	Nr.	Jahr	LüP mm	t	km/h	kW	Herst.
BLM	Be 4/4	21–23	1967	16 960	25	30	200	SIG/BBC/SAAS

BDe 4/4 46 der AB

Die 1968 gebauten Be 4/4 46 und 47 waren die ersten Triebwagen der AB, bei denen auf ein Abteil erster Klasse verzichtet wurde, sie weisen stattdessen einen großen Gepäckraum auf und werden im Pendelverkehr mit ABt-Steuerwagen und fallweise B-Zwischenwagen eingesetzt. Sowohl im elektrischen wie im mechanischen Teil entsprechen die für eine Höchstgeschwindigkeit von 65 km/h zugelassenen Be 4/4 dem Standard der sechziger Jahre. Auch die Ausrüstung mit Stirnwandtüren war seinerzeit noch selbstverständlich. Die entgegen den einfachen Kastenformen bisheriger Schmalspur-Triebwagen nun leicht geneigten Frontseiten dieser Be 4/4 stellen jedoch einen ersten Schritt zu einem eleganteren Erscheinungsbild dar.

Bahn	Serie	Nr.	Jahr	LüP mm	t	km/h	kW	Herst.
AB	BDe 4/4	46+47	1968	18 900	38	65	560	FFA/SIG/MFO

ABDe 8/8 MOB

ABDe 8/8 4001 der MOB [Foto: M.Rosenberger]

1968 wurden von der MOB die vier Doppeltriebwagen ABDe 8/8 4001 bis 4004 beschafft. Die kurzgekuppelten Einheiten erhielten Längsfahrmotoren mit Schneckenantrieb sowie elektronisch kontrollierte Schützensteuerung und Nutzbremse. Mit einer Stundenleistung von 880 kW und einer Anfahrzugkraft von 184 kN (Stundenzugkraft 97 kN) bewältigten sie mit bis zu fünf Wagen Anhängelast lange Zeit den Schnellzugverkehr auf der Gesamtstrecke Montreux–Zweisimmen, der heute überwiegend von den Panoramic-Express-Zügen geleistet wird. Auffällig ist die großzügige Frontverglasung mit gebogenen Führerstandsfenstern beiderseits der Stirnwandübergänge

Bahn	Serie	Nr.	Jahr	LüP mm	t	km/h	kW	Herst.
MOB	ABDe 8/8	4001–4004	1968	33 500	60	70	880	SIG/BBC/SAAS

BDE 8/8

BDe 8/8 7 der BD

Die 1969 von der BD beschafften dreiteiligen Gelenk-Triebwagen BDe 8/8 1 bis 9 stellten seinerzeit für Schweizer Eisenbahnen eine Besonderheit dar, denn die von Straßenbahn-Fahrzeugen bekannten Bauarten mit Jacobs-Drehgestellen hatten zuvor nur bei den ABe 8/8 und ABDe 6/6 der FART/SSIF und den ABDeh 6/6 der BVZ Verwendung gefunden. Die elegant wirkenden Fahrzeuge mit ihren an die Re 4/4 II erinnernden Stirnfronten ohne Führerstandsübergänge erreichen eine Stundenleistung von 580 kW und sind für eine Höchstgeschwindigkeit von 70 km/h ausgelegt. Bis zur Inbetriebnahme der Niederflur-Triebwagen Be 4/8 oblag den BDe 8/8 der gesamte Personenverkehr auf der BD.

Bahn	Serie	Nr.	Jahr	LüP mm	t	km/h	kW	Herst.
BD	BDe 8/8	1–9	1969	33 000	51	70	580	SWS/MFO

BDe 4/4 GFM

BDe 4/4 142 der GFM

1972 wurden von der GFM die beiden BDe 4/4 141 und 142 beschafft, die zunächst viele Jahre einen etwas ungewöhnlichen Dienst zu verrichten hatten: Sie übernahmen die Traktion der für den Bau der Autobahn N 12 notwendigen Kiestransporte. Diese verkehrten im Normalfall als Pendelzüge, hierzu waren zwei der Schüttgut-Selbstentladewagen als Steuerwagen Fadt mit Führerständen ausgerüstet worden. Erst ab 1980 wurden die Triebwagen für den Personenzugdienst eingesetzt, hierzu mußte zunächst die Inneneinrichtung um die fehlende Bestuhlung komplettiert werden. Die recht hohe Stundenleistung von 648 kW war auf die schweren Kieszüge abgestimmt worden, bis zur Beschaffung der Lokomotiven GDe 4/4 im Jahre 1983 besorgten die BDe 4/4 auch den Rollbockdienst bei der GFM.

Bahn	Serie	Nr.	Jahr	LüP mm	t	km/h	kW	Herst.
GFM	BDe 4/4	141+142	1972	17 900	38	70	648	SWP/SAAS

Be 4/8 41 der RBS

Die damals noch selbständigen, jedoch schon eng zusammenarbeitenden Bahnen VBW und SZB (seit 1984 RBS) beschafften 1974 gemeinsam die ersten zwölf Pendelzüge Be 4/8 41 bis 47 bzw. 48 bis 52. Technisch handelt es sich bei den zweiteiligen Einheiten um einen Triebwagen Be 4/4 und einen Bt-Steuerwagen, die jedoch im Betrieb nicht trennbar kurzgekuppelt zum Einsatz kommen und daher mit gemeinsamer Nummer als Be 4/8 bezeichnet werden. Die Wagenkästen sind konstruktiv eng verwandt und haben annähernd den gleichen Grundriß, die Triebwagen besitzen jedoch Stahlaufbauten, während bei den Steuerwagen Leichtmetall verwendet wurde. In Mehrfachtraktion können bis zu drei Einheiten eingesetzt werden, hierzu sind sie mit ferngesteuert lösbaren automatischen +GF+-Kupplungen ausgerüstet. 1977/78 wurden neun weitere Pendelzüge beschafft, die SZB erhielt die Be 4/8 53 bis 59, die VBW die Be 4/8 60 und 61. Das Einsatzgebiet der orangefarbenen Pendelzüge sind die Vorortlinien von Bern, nicht jedoch die Verbindung nach Solothurn und die 1987 auf Trambahnfahrzeuge umgestellte Murilinie G. Als typisches Beispiel für die auch andernorts zu beobachtende Entwicklung sei erwähnt, daß die Nichtraucherplätze der Be 4/8 von zunächst 50 % in einem ersten Umbau 1980 auf 69 %, im Jahre 1989 dann auf 81 % angehoben worden sind.
Von seiner Inbetriebnahme an war der Be 4/8 53 etwa ein Jahr lang zum Probeeinsatz an die FLP ausgeliehen worden, die nach positiven Erfahrungen fünf Pendelzüge Be 4/8 21 bis 25 in grundsätzlich identischer Ausführung und sogar gleicher Farbgebung beschaffte.
Für den Regionalverkehr Locarno–Camedo der FART wurden 1979 zwei ähnliche Pendelzüge in Dienst gestellt. Diese Be 4/8 41 und 42 sind jedoch um fast 9 m kürzer als die ursprüngliche Konstruktion und weisen einen etwas anderen Grundriß mit nur jeweils einem statt zwei Einstiegsräumen auf. Nach der Beschaffung der Niederflur-Triebwagen ABe 4/6 wurden sie auf der FART entbehrlich und konnten an die FLP abgegeben werden.

Be 4/8 21 der FLP

Bahn	Serie	Nr.	Jahr	LüP mm	t	km/h	kW	Herst.	Anm.
RBS	Be 4/8	41–61	1974	40 000	49	75	328	SIG/BBC	1)
FLP	Be 4/8	21–25	1978	40 000	49	75	328	SIG/BBC	
	Be 4/8	41+42	1979	31 330	46	60	328	SIG/BBC	2)

1) 41-47, 60, 61 urspr. VBW, 48-59 urspr. SZB
2) bis 1994 FART

BDe 4/8

BDe 4/8 22 der TB

Die seit 1903 von St. Gallen hinauf nach Trogen führende TB ist als Fortführung der damaligen Trambahn St. Gallen konzipiert worden. Auch die ab 1975 beschafften Doppeltriebwagen BDe 4/8 21 bis 25 weisen daher dem Straßenbahn-Lichtraumprofil entsprechende, eher bescheidene Abmessungen auf. Besonders augenfällig wird dies im Vergleich mit den Fahrzeugen der ebenfalls meterspurigen AB im gemeinsamen »Nebenbahnhof« St. Gallen. Mit Steigungen bis zu 76 ‰ darf die TB immerhin das Superlativ der steilsten Adhäsionsbahn in der Schweiz für sich in Anspruch nehmen, dem angemessen ist die Motorisierung der Doppeltriebwagen mit einer Stundenleistung von 400 kW. Technisch handelt es sich bei den BDe 4/8 um kurzgekuppelte BDe 4/4 + Bt, die zur Bildung bis zu sechsteiliger Pendelzüge in Mehrfachtraktion geführt werden können. Kurzkuppelseitig besitzen Trieb- und Steuerwagen Stirnwandtüren, während an den Führerstandsenden auf Übergänge verzichtet wurde.

Bahn	Serie	Nr.	Jahr	LüP mm	t	km/h	kW	Herst.
TB	BDe 4/8	21–25	1975	30 200	39	65	400	FFA/BBC

Be 4/4 5004 der MOB

Be 4/4 151 der GFM

1976 erhielt die MOB für ihren von Montreux und von Zweisimmen ausgehenden Regionalverkehr die beiden ersten Pendelzüge Be 4/4 5001 und 5002 + ABt 5301 und 5302. In der elektrischen Ausrüstung sind die Triebwagen mit den MOB-Doppeltriebwagen ABDe 8/8 von 1968 eng verwandt. Trieb- und Steuerwagen weisen nur einseitig Führerstände auf, die einander zugekehrten Enden tragen Faltenbalg-Übergänge. Die Führerstandsfronten der stählernen Wagenkästen erhielten jedoch nun keine Übergänge mehr, sie weisen optisch eine enge Verwandschaft mit den Be 4/8 von RBS und FLP auf. 1979 wurden zwei weitere Pendelzüge gleicher Bauart beschafft.
Die benachbarte GFM erhielt 1977 die zwei Be 4/4 151 und 152 sowie Steuerwagen Bt 251 und 252. Diese Pendelzüge sind im wesentlichen mit denen der MOB identisch, allerdings weisen sie auch an den Führerstandsenden Übergänge auf. Auch im Verzicht auf die erste Wagenklasse bei den Steuerwagen und in der Lackierung unterscheiden sich die Pendelzüge der GFM von den MOB-Regionalpendeln.

Bahn	Serie	Nr.	Jahr	LüP mm	t	km/h	kW	Herst.
MOB	Be 4/4	5001-5004	1976	16 800	32	80	448	SIG/SAAS
GFM	Be 4/4	151+152	1977	16 800	32	80	448	SIG/SAAS

Be 4/4 11 der FW

Die FW erhielt 1985 im Rahmen einer durchgreifenden Modernisierung zur Ablösung der aus den vierziger Jahren stammenden und von anderen Bahnen übernommenen Be 4/4 204 bis 207 zunächst fünf Triebwagen Be 4/4 11 bis 15, die für einen universellen Einsatz konzipiert wurden: Zur Bildung von Pendelzügen wurden auch passende, im Wagenkasten prinzipiell identische Bt-Steuerwagen beschafft. In verkehrsschwachen Zeiten sind die beidseitig mit Führerständen ausgerüsteten Be 4/4 aber auch als Solofahrer einsetzbar, in Spitzenzeiten können vierteilige Einheiten in Doppeltraktion geführt werden. Ein weiterer Einsatzzweck ist schließlich die Führung von Rollbockzügen, hierzu erhielten die Triebwagen als Puffer dienende, stählerne Scheinwerfer-Einfassungen. Bei der elektrischen Ausrüstung ist die erstmals in einem Regionalbahn-Fahrzeug angewendete Steuerung der Fahrmotoren über luftgekühlte Gleichstromsteller hervorzuheben. Zwei weitere, baugleiche Be 4/4 16 und 17 mit passenden Steuerwagen wurden 1992 in Dienst gestellt.

Bahn	Serie	Nr.	Jahr	LüP mm	t	km/h	kW	Herst.
FW	Be 4/4	11–15	1985	18 400	35	75	620	FFA/BBC
	Be 4/4	16+17	1992	18 400	35	75	620	Stadler/ABB

BDe 4/4 11 der WB

Die WB ist die einzige dem öffentlichen Personenverkehr dienende Schmalspurbahn der Schweiz mit einer Spurweite von nur 750 mm, noch unterboten wird sie nur von der auf Feldbahngleisen verkehrenden SATEB. 1985/86 beschaffte die WB vier Triebwagen BDe 4/4 11 bis 14 sowie Bt-Steuerwagen zur Bildung moderner Pendelzüge. Um auch als Solofahrzeuge eingesetzt werden zu können, besitzen die Triebwagen in klassischer Bauweise Führerstände an beiden Enden, auf Stirnwandübergänge wurde jedoch verzichtet. Nicht nur die äußeren Abmessungen und das Design der Wagenkästen, sondern auch viele konstruktive Elemente im mechanischen und im elektrischen Teil weisen auf eine Verwandtschaft mit den Straßenbahn-Triebwagen der Fahrzeugfamilie »Tram 2000« hin, zu der auch die modernen Pendelzüge der FB und der RBS-Murilinie gehören. Wegen der starken Verkehrszunahme wurden 1992 von der WB drei weitere Pendelzüge und zusätzliche Steuerwagen in Dienst gestellt.

Bahn	Serie	Nr.	Jahr	LüP mm	t	km/h	kW	Herst.
WB	BDe 4/4	11–17	1985	18 200	24	75	446	SWP/SIG/BBC

Be 4/8 31 der LEB

Be 4/4 205 der NStCM

Dieser Triebwagen-Typ ist ab 1985 als Be 4/4 von der LEB und der NStCM, später dann als BDe 4/4 auch von der ASD, der CMN und der GFM beschafft worden, wobei trotz der einheitlichen Grundkonstruktion die individuellen Belange der einzelnen Bahnen berücksichtigt werden konnten. So weisen die Fahrzeuge der LEB und die der CMN einen Drehzapfenabstand von 14600 mm auf, während die anderen mit 11400 mm bzw. 11510 mm (ASD) deutlich kürzer sind. Der Grundriß mit oder ohne Gepäckabteil folgte ebenso den unterschiedlichen Bedürfnissen wie die Ausstattung mit Stirnwandübergängen oder ohne (LEB). Mit ihren durch die abgerundeten Einbuchtungen recht charakteristischen Frontseiten unterscheiden sich die Fahrzeuge der LEB und der NStCM von den später gelieferten. Auch im elektrischen Teil finden sich Unterschiede: Die BDe 4/4 der ASD erhielten zugunsten einer einheitlichen Ausrüstung innerhalb der TPC-Betriebsgruppe eine konventionelle Schützensteuerung statt der modernen Choppersteuerung. Und da die Triebwagen der GFM auch vor schweren Rollbockzügen zum Einsatz kommen sollen, erhielten sie einen mit den ABe 4/4 III der RhB-Berninabahn eng verwandten Drehstromantrieb mit GTO-Thyristoren und Asynchronmotoren. LEB und NStCM sowie später auch die GFM beschafften zu den Triebfahrzeugen passende, wagenbaulich im wesentlichen identische Bt-Steuerwagen, während man sich bei der ASD mit umgebauten Occasionswagen der BLT begnügen mußte und die weniger stark frequentierte CMN auf Steuerwagen ganz verzichten konnte. Bei den kurzgekuppelten, auch in Doppeltraktion einsetzbaren Einheiten der LEB konnte auf den rückwärtigen Führerstand der Triebfahrzeuge verzichtet werden, konsequenterweise wurden die im Betrieb nicht trennbaren Pendelzüge anläßlich der Nachbestellung von 1991 umgezeichnet in Be 4/8. Mit den hier beschriebenen Triebwagen im wagenbaulichen Teil eng verwandt sind auch die Zahnradbahn-Pendelzüge BDeh 4/4 + Bt der AOMC von 1987.

BDe 4/4 401 der ASD

BDe 4/4 121 der GFM

Bahn	Serie	Nr.	Jahr	LüP mm	t	km/h	kW	Herst.	Anm.
LEB	Be 4/8	31–33	1985	41 000		80	808	ACMV/BBC	1)
	Be 4/8	34–36	1991	41 100		80	808	ACMV/ABB	
NStCM	Be 4/4	201–205	1985	17 500	34	70	808	ACMV/BBC	
	BDe 4/4	211	1991	17 500	34	70	808	ACMV/ABB	
ASD	BDe 4/4	401–404	1987	18 800	34	65	820	ACMV/BBC	
CMN	BDe 4/4	6–8	1991	20 700	35	80	808	ACMV/ABB	
GFM	BDe 4/4	121+124	1992	17 600	35	80	1 016	ACMV/ABB	

1) urspr. Be 4/4 30, 32, 34 und Bt 31, 33, 35

BDe 4/4 II

In einer Gemeinschaftsbestellung wurden 1985/86 von der AB die drei Triebwagen BDe 4/4 II 31 bis 33 und von der CJ die vier BDe 4/4 II 611 bis 614 beschafft. Konstruktiv und in der elektrischen Ausrüstung sind sie eng verwandt mit den 1981 gebauten Zahnrad-Triebwagen BDeh 4/4 der damals noch selbständigen SGA (heute AB). Sie sind jedoch etwas länger, wegen der normalen Adhäsions-Triebdrehgestelle allerdings trotzdem rund 9 t leichter. Auch im Grundriß mit etwa in Fahrzeugmitte liegenden Einstiegsräumen unterscheiden sie sich von den BDeh 4/4. Da sie nicht für den Solo-Einsatz vorgesehen sind, besitzen sie nur einseitig Führerstände, bei denen auch auf Stirnwandtüren verzichtet werden konnte. Das Front-Design erinnert ein wenig an die normalspurigen NPZ. Bei der Farbgebung wahrten die beiden Bahnen trotz der gleichen roten Grundfarbe ihre Eigenständigkeit. Zur Bildung von Pendelzügen wurden von der AB auch ABt-Steuerwagen beschafft, von der CJ Steuerwagen ABt und BDt sowie B-Zwischenwagen. Die Wagen entsprechen der Schmalspur-Einheitsbauart. Sie sind mit den Kästen der BDe 4/4 II also nicht baugleich, die Führerstands-Fronten wurden allerdings weitgehend den Triebwagen angeglichen. Die Pendelzüge der CJ sind für eine Höchstgeschwindigkeit von 90 km/h ausgelegt. Bei der AB ist sie hingegen auf 75 km/h begrenzt, durch die unterschiedliche Getriebeübersetzung ergeben sich auch etwas abweichende Leistungsdaten. 1993 erhielt die AB zwei weitere, nun dreiteilige Pendelzüge: Die BDe 4/4 34 und 35 sind weitgehend baugleich mit den Triebwagen von 1985, sie erhielten allerdings erstmals Außenschwingtüren. Die zugehörigen ABt-Steuerwagen und B-Zwischenwagen entsprechen der neuen Schmalspurbauart PA 90, auch sie sind auf den ersten Blick durch die bündigen und farblich nicht mehr abgesetzten Außenschwingtüren von den älteren Wagen zu unterscheiden.

BDe 4/4 32 der AB

BDe 4/4 614 der CJ

Bahn	Serie	Nr.	Jahr	LüP mm	t	km/h	kW	Herst.
AB	BDe 4/4 II	31–33	1986	18 730	36	75	820	FFA/SIG/BBC
		34+35	1993	18 730	36	75	820	FFA/SIG/ABB
CJ	BDe 4/4	611–614	1985	18 730	36	90	820	FFA/SIG/BBC

ABe 4/4 (III)

ABe 4/4 54 der RhB-BB

Mit den 1988/89 von der RhB für die Berninabahn beschafften ABe 4/4 III 51 bis 56 wurde erstmals bei einer schmalspurigen Gleichstrombahn die moderne Drehstromtechnik mit U-Umrichtern, GTO-Thyristoren und Asynchronmotoren eingeführt. Schon der Vergleich der Stundenleistung von 1016 kW mit der Vorgängerserie ABe 4/4 II von 1964 (680 kW) verdeutlicht den erreichten Fortschritt. Da nicht nur die äußeren Abmessungen fast unverändert blieben, sondern auch die klassische Bauweise mit zwei Führerständen und Stirnwandübergängen beizubehalten war, unterscheidet sich diese dritte Generation der Berninabahn-Triebwagen äußerlich jedoch kaum von den 64er Fahrzeugen. Die Vielfachsteuerung ermöglicht sowohl Doppeltraktion wie auch den gemischten Einsatz mit den ABe 4/4 II 41 bis 49 sowie den Zweikraft-Lokomotiven Gem 4/4 und den Schneeschleudern Xrotet.

Bahn	Serie	Nr.	Jahr	LüP mm	t	km/h	kW	Herst.
RhB	ABe 4/4 (III)	51–56	1988	16 886	48	65	1016	SWA/ABB

ABe 4/12 und **Be 4/8** RBS, BD, WSB

ABe 4/12 68 der RBS

Im Rahmen einer Gemeinschaftsbestellung erhielten die Schmalspurbahnen RBS, BD und WSB 1992/93 zusammen 23 Doppel-Triebwagen Be 4/8 bzw. ABe 4/8, die sowohl der Ablösung überalterter Fahrzeuge als auch der Angebotsverbesserung dienten. Im Gegensatz zu den Pendelzügen Be 4/8 der RBS und der FLP von 1974 handelt es sich hier nicht um Kombinationen von Trieb- und Steuerwagen, sondern um zwei prinzipiell gleiche, kurzgekuppelte Triebwagen mit jeweils einem am Führerstandsende angeordneten Trieb- und einem Laufdrehgestell. Die elektrische Ausrüstung mit Traktionswechselrichter und Drehstrom-Asynchronmotoren entspricht dem aktuellsten Stand der Technik. Für den Fahrgast augenfälliger ist die zuvor nur bei Trambahn-Fahrzeugen realisierte Niederflurbauweise: Der abgesenkte Bereich zwischen den Drehgestellen weist eine Bodenhöhe von nur 390 mm über SOK auf. Mehr als die Hälfte der Sitzplätze liegt zwar im Bereich der Drehgestelle weiterhin in fast konventioneller Höhe von 880 mm, durch die Anordnung der breiten Schwenkschiebetüren im Niederflurbereich konnten jedoch die Einstiegverhältnisse erheblich verbessert werden. Zwei Trittstufen führen von den Einstiegsbereichen hinauf zu den »Hochsitzen« über den Drehgestellen, die durch ihre Luftfederung für eine weitere Komfortverbesserung sorgen. Während für die Wagenkästen weitgehend Leichtmetall eingesetzt wurde, bestehen die Führerstände wie bei der »Lok 2000« Re 460/465 aus Kunststoff-Faserverbund-Werkstoff. Dies ermöglicht ein modern und elegant wirkendes Formdesign mit großen gebogenen Führerstandsfenstern.

Bedauerlicherweise haben sich alle drei Bahnen ganz pragmatisch auch auf ein einheitliches Lackierungsschema in Rotorange und Grautönen verständigt, das äußerst gewöhnungsbedürftig ist, mit dem aber außerdem auch ein Stück Eigenständigkeit und Vielfalt ohne Not reduziert wird.

Be 4/8 34 der WSB

Die RBS beschaffte für den Vorortverkehr die drei Be 4/8 62 bis 64 und für den Überlandverkehr Bern–Solothurn acht ABe 4/8 65 bis 72. Diese wurden 1995 durch antriebslose Mittelwagen zu dreiteiligen Kompositionen Be 4/12 ergänzt. Dank der Modulbauweise konnten die Mittelwagen problemlos aus den Motorfahrzeugen abgeleitet werden. Sie weisen nun im Niederflurteil unter der Bezeichnung »la prima 1« die recht großzügigen Erste-Klasse-Plätze der Pendelzüge auf, da sich die ursprünglichen A-Abteile wegen der zu beengten Platzverhältnisse keiner großen Beliebtheit erfreut hatten.
Abgesehen von den fehlenden Wagenübergängen sind die sieben Be 4/8 28 bis 34 der WSB mit den Vororttriebwagen der RBS baugleich. Die fünf Be 4/8 21 bis 25 der BD mußten jedoch wegen der engen Kurvenradien etwa 3300 mm kürzer gebaut werden, was durch die Modellbauweise keine Schwierigkeiten bereitete.

Bahn	Serie	Nr.	Jahr	LüP mm	t	km/h	kW	Herst.
RBS	ABe 4/12	65–72	1992	59 730	80	100	640	SWP/SIG/ABB
	Be 4/8	62–64	1993	40 000	57	100	640	SWP/SIG/ABB
WSB	Be 4/8	28–34	1992	40 690	57	100	560	SWP/SIG/ABB
BD	Be 4/8	21–25	1993	27 390	54	80	640	SWP/SIG/ABB

ABe 4/6 und **Ae 4/6** FART, SSIF

ABe 4/6 53 der FART

Als Nachfolger für ihre ABe 8/8 und ABDe 6/6 aus den sechziger Jahren stellten die FART und die italienische SSIF 1992 zwölf Gelenk-Triebwagen in Niederflurbauweise in Dienst, die sich konstruktiv von den zuvor beschriebenen Be 4/8 deutlich unterscheiden: Durch einen schwebenden Gelenkübergang und das Laufdrehgestell mit Rädern von nur 600 mm Durchmesser konnte bei den zweiteiligen Fahrzeugen der Wagenboden im gesamten Bereich zwischen den äußeren Triebdrehgestellen auf 530 mm über SOK abgesenkt werden. Dadurch befinden sich außer den Einstiegsräumen auch etwa zwei Drittel der Sitzplätze im Niederflurbereich. Die Triebdrehgestelle und die elektrische Ausrüstung sind jedoch mit den Be 4/8 von RBS, BD und WSB eng verwandt. Dank der Vielfachsteuerung können auch vier- und sechsteilige Pendezüge gebildet werden. Die stark geneigten und groß dimensionierten Frontscheiben geben den Gelenk-Triebwagen ein schnittiges Aussehen, auch die Seitenfenster einschließlich der Türverglasung sind der touristischen Bedeutung der Centovallibahn angemessen großzügig. Von den zehn ABe 4/6 wurden sechs von der FART und vier von der SSIF beschafft, für den Ausflugsverkehr hat die FART zusätzlich zwei Ae 4/6 in Dienst gestellt.

Bahn	Serie	Nr.	Jahr	LüP mm	t	km/h	kW	Herst.
FART	ABe 4/6	51–56	1992	31 900	46	80	640	ACMV/SIG/ABB
	Ae 4/6	57+58	1992	31 900	46	80	640	ACMV/SIG/ABB
SSIF	ABe 4/6	61–64	1992	31 900	46	80	640	ACMV/SIG/ABB

Be 4/4 8 der MIB

Zur Ablösung der 1952 für die deutsche OEG gebauten und 1977 von der MIB als Occasion übernommenen ehemaligen Straßenbahnwagen Bem 4/4 6 und 7 erhielt die MIB 1996 den neuen Be 4/4 8, der neben dem fahrplanmäßigen Personenverkehr auch den gelegentlichen Rollschemeltransport normalspuriger Güterwagen zu den Anlagen des Kraftwerks Oberhasli zu erledigen hat. Der Kasten des Triebwagens wurde als Einzelanfertigung unter Verwendung bewährter Bauteile neu konstruiert. Die Führerstände mit den großen, einteiligen und leicht geneigten Stirnfenstern wurden zum Schutz bei Kollisionen besonders verstärkt. Die Monomotor-Drehgestelle mit längs eingebautem Antrieb entsprechen weitgehend denen der Tramwagen Be 4/4 der TN. Die moderne Umrichtertechnik und die Drehstrom-Fahrmotoren hingegen wurden von den neuen Lokomotiven He 2/2 31 und 32 der WAB abgeleitet. Auf einen zusätzlichen Hilfsantrieb, mit dem für den seltenen Verkehr unter der Wechselstrom-Fahrleitung der benachbarten SBB-Brünigbahn die Occasions-Triebwagen ausgerüstet worden waren, wurde bei dem Be 4/4 8 aus Kostengründen verzichtet.

Bahn	Serie	Nr.	Jahr	LüP mm	t	km/h	kW	Herst.
MIB	Be 4/4	8	1996	18 400	25	75	360	Stadler/SIG/ADtranz

Kombinierte Bahnen

Eine den vorhergehenden Kapiteln entsprechende Aufteilung in Normalspur und Schmalspur ist bei den Lokomotiven und Triebwagen mit kombiniertem Adhäsions- und Zahnrad-Antrieb nicht nötig, denn bis auf die RHB (1435 mm) und die RhW (1200 mm) sind alle kombinierten Bahnen in Meterspur erstellt worden. Die älteste Bahn mit echtem kombiniertem Betrieb ist die 1888 von der SBB-Vorgängerin JBL eröffnete Brünigbahn. Zwar nahm die RHB schon 1875 den Verkehr auf, bis zur Elektrifikation 1930 wurde jedoch der Betrieb auf der Bergstrecke und der Talstrecke getrennt geführt.
Bei den insgesamt zwölf Privatbahnen und der zur SBB gehörenden Brünigbahn ist der Fahrzeugpark sehr unterschiedlich, da die schon bei den schmalspurigen Adhäsionsbahnen genannten Unterschieden hier noch stärker zum Tragen kommen. Zu beachten sind neben den Maximal-Steigungen, die von recht bescheidenen 90 ‰ bei der RHB bis zum maximal zulässigen Grenzwert von 250 ‰ bei der LSE reichen, auch die unterschiedlichen Zahnstangen-Systeme: Fünf Bahnen sind mit der Riggenbach-Leiterzahnstange ausgestattet, jeweils vier mit der Abtschen Lamellen-Zahnstange oder der Keilkopf-Zahnstange des Systems Strub. Total macht die Streckenlänge der kombinierten Bahnen 380 km aus, das Spektrum reicht von der nur 1,9 km kurzen RhW – mit einem Zahnstangenanteil von allerdings fast 70 Prozent – bis zur FO, deren Streckenlänge einschließlich der Schöllenenbahn 100 km beträgt, wobei acht Abschnitte von insgesamt knapp 23 km Länge mit Zahnstangen ausgerüstet sind.

Beim Antrieb der Fahrzeuge sind mehrere konstruktive Varianten zu unterscheiden:
Der *vollständig getrennte* Antrieb ist zwar recht aufwendig, erlaubt aber relativ hohe Geschwindigkeiten auf den Adhäsionsstrecken (Beispiel: Deh 4/6 der SBB).
Der *dauernd verkuppelte Antrieb*, bei dem Triebräder und Triebzahnräder auf gemeinsamen Achsen sitzen, bringt Probleme wegen der unterschiedlichen Durchmesser neuer und abgefahrener Radreifen, durch die der Adhäsionsantrieb mehr oder weniger vor- oder nacheilt (HGe 4/4 I der BVZ).
Beim *abkuppelbaren Adhäsionsantrieb* sitzt das Zahnrad auf einer ständig angetriebenen Hohlwelle, während die Triebachse abgekuppelbar ist und eine solche Bauart dann als reines Zahnradfahrzeug verkehrt (ABeh 4/4 I der BOB).
Der *Differentialantrieb* ist die modernste Bauart, bei der eine Schlupfbegrenzung das Vor- oder Nacheilen der Triebräder verhindert, ohne auf der Zahnstange auf die Adhäsionskraft zu verzichten (HGe 101 der SBB).

Der elektrische Betrieb

Auch die kombinierten Bahnen sind heute vollständig elektrifiziert, als letzte kamen im Kriegsjahr 1941 die Brünigbahn und die FO »unter Draht« Nach der Anzahl der Bahnen dominiert auch hier der Gleichstrom mit Spannungen von nur 600 V bei der RhW bis zu den weit verbreiteten 1500 V. Nach der Streckenlänge belegen jedoch die Wechselstrombahnen den ersten Platz, dazu gehören neben der FO auch die BVZ, die LSE, die Brünigbahn der SBB sowie die normalspurige RHB. Während die letztere ebenso wie die Brünigbahn und die LSE mit dem »Einheits-Strom« 15 kV 16 2/3 Hz betrieben wird, begnügen sich BVZ und FO in Anlehnung an die benachbarte RhB mit 11 kV 16 2/3 Hz.

Frühe elektrische Triebfahrzeuge

Als erste elektrifizierte Bahn mit gemischtem Betrieb nahm 1898 die damalige StEB den Betrieb auf. Sie ist gleichzeitig die letzte Bahn, bei der die Leiterzahnstange System Riggenbach zur Anwendung kam. Wie die im gleichen Jahr eröffneten Zahnradbahnen GGB und JB ist auch die StEB mit Drehstrom elektrifiziert worden, hier entschied man sich für 750 V 33 Hz. 1964 wurde die Strecke zur Anbindung an die Brünigbahn bis Hergiswil verlängert, bei dieser Gelegenheit wurde die StEB (heute LSE) umfassend modernisiert und auf Wechselstrombetrieb umgestellt. Von den insgesamt fünf Lokomotiven HGe 2/2 1 bis 5 und dem 1930 beschafften Triebwagen ABDZeh 2/4 103 ist die älteste Lokomotive erhalten geblieben und heute im Bestand des VHS Luzern.
Die zur Jahrhundertwende eröffneten Bahnen AL und BGV (heute BVB) wurden mit Gleichstrom 650 bzw. 700 V betrieben, sie haben aber erst 1940 bzw. 1946 die heute noch im Einsatz stehenden Triebwagen BDeh 2/4 für den kombinierten Betrieb beschafft [vgl. Seite 177], zuvor wurden die Adhäsions-Fahrzeuge der Tallinien auf den Zahnstangenstrecken von kleinen Berglokomotiven He 2/2 geschoben.
1906 wurde die mit Gleichstrom 800 V elektrifizierte MC eröffnet, bei der als Besonderheit noch heute Teile der Strecke nicht mit einer Oberleitung, sondern mit einer Stromschiene ausgerüstet sind [vgl. Seite 181]. Von den acht Triebwagen der ersten Generation, die in zwei Teilserien mit unterschiedlicher elektrischer Ausrüstung in Dienst gestellt worden waren und in der Schweiz die ältesten Triebwagen für gemischten Betrieb sind, finden wir die beiden BDeh 4/4 14 und 15 noch als Reserve-Fahrzeuge im Bestand, letzterer soll von einem kürzlich gegründeten Verein als historisches Fahrzeug renoviert werden.
Zu den seit ihrer Eröffnung elektrisch betriebenen Bahnen zählt auch die AG. Zur Betriebsaufnahme 1911 beschaffte sie die CFeh 3/3 1 bis 3 mit einem Drehgestell und

einem Einzelradsatz. Einer dieser originellen Triebwagen gehört zu den Exponaten des VHS, ein weiterer war bei der späteren SGA (heute AB) noch viele Jahre als Dienstfahrzeug Xe 2/3 17 im Einsatz.

Frühe elektrische Triebfahrzeuge – Kombinierte Bahnen

Bahn	Serie	Nr.	Jahr	LüP mm	t	km/h*	kW	Herst.	Anm.
Drehstrom-Fahrzeuge									
StEB	HGe 2/2	1	1898	4 250	13	12/5	110	SLM/SIG/BBC	VHS
Gleichstrom- Fahrzeuge									
MC	BDeh 4/4	14+15	1908	18 000	36	35/9	176	SLM/SWS/MFO	
AG	CFeh 3/3	3	1911	10 700	24	30/11	103	SLM/SIG/Alioth	VHS

* Höchstgeschwindigkeit vor dem Bruchstrich = auf Adhäsionsstrecken, dahinter = auf Zahnstangenabschnitten (dsgl. auch bei den folgenden Einzelbeschreibungen)

Lokomotiven

Den später einzeln beschriebenen Lokserien der BVZ, der FO und der SBB-Brünigbahn sind hier nur wenige hinzuzufügen, da der Verkehr auf den kleineren Bahnen ganz überwiegend mit Triebwagen abgewickelt wird:
Anläßlich ihrer 1914 erfolgten Elektrifizierung mit Gleichstrom 1500 V erhielt die BOB acht Lokomotiven HGe 3/3 21 bis 28, denen 1926 die geringfügig stärkere HGe 3/3 29 folgte. Bis zur Beschaffung erster Triebwagen im Jahre 1949 besorgten diese Lokomotiven, die mit einer Stundenleistung von 588 kW damals weltweit zu den stärksten Zahnradbahn-Fahrzeugen zählten, den gesamten Verkehr auf der BOB. Die beiden identischen Motoren für den getrennten Adhäsions- und Zahnradantrieb wurden auf der Zahnstange in Serie geschaltet, Blindwelle und Kuppelstangen entsprachen der damals üblichen Antriebstechnik. Für den fahrplanmäßigen Einsatz im Personenverkehr waren die Maschinen schon seit den siebziger Jahren nicht mehr schnell genug. Heute sind nur noch die beiden Lokomotiven 24 und 29 als Reservemaschinen und für Sonderfahrten im Bestand.
Die RHB, einzige normalspurige Bahn mit gemischtem Betrieb, wurde 1930 mit »Einheits«-Wechselstrom elektrifiziert und setzte zunächst zwei Gepäcklokomotiven DZeh 2/4 21 und 22 ein, die jedoch ab 1953 von Triebwagen aus dem planmäßigen Einsatz verdrängt wurden. Die Lok 22 steht heute noch als Reserve im Bestand.

HGe 3/3 22 der BOB von 1914

HGe 4/4 32 der BVB von 1953

Die BVB hat als einzige Gleichstrombahn mit kombiniertem Betrieb nach dem Krieg noch elektrische Lokomotiven beschafft. Der HGe 4/4 31 von 1953 folgte 1963 die baugleiche HGe 4/4 32. Beide Maschinen, bei denen es sich genau genommen um Gepäcktriebwagen handelt, kommen vor allem in der Wintersportsaison in Verstärkungszügen auf der Bergstrecke Villars–Col-de-Bretaye zum Einsatz.
1954 beschaffte die SBB für die Brünigbahn die beiden schon bald mit dem Übernamen »Muni« (Stier) versehenen Lokomotiven HGe 4/4 I 1991 und 1992. Der fest verkuppelte Adhäsions- und Zahnradantrieb erwies sich aber schon bald als problematisch für Maschinen dieser Leistungsklasse und mit nur max. 50 km/h waren sie für die Tallinien bald zu langsam. Ende der achtziger Jahre wanderten sie in den Reservebestand, die Lok 1992 wurde inzwischen ausgemustert.
Für den Baudienst, aber auch als fahrdrahtunabhängige Reserve beschaffte die BOB 1985 die Diesellokomotive HGm 2/2 31. Die moderne, durch ihren groß dimensionierten Schalldämpfer auf dem Endführerstand auffallende Lok besitzt einen hydrostatischen Antrieb mit elektronischer Regelsteuerung, der ein feinfühliges Fahren auch mit Vollast am Berg erlaubt.

HGe 4/4 1992 der SBB von 1954

Lokomotiven – Kombinierte Bahnen

Bahn	Serie	Nr.	Jahr	LüP mm	t	km/h	kW	Herst.
Wechselstrom-Lokomotiven								
RHB	Dzeh 2/4	22	1930	9 500	43	25/25	412	SLM/MFO
SBB	HGe 4/4 I	1991+1992	1954	13 130	54	50/33	1 600	SLM/BBC/MFO
Gleichstrom-Lokomotiven								
BOB	HGe 3/3	24	1914	8 240	36	45/15	588	SLM/BBC/MFO
	HGe 3/3	29	1926	8 240	37	45/15	600	SLM/MFO
BVB	HGe 4/4	31+32	1953	10 000	24	35/19	368	SIG/MFO
Diesellokomotiven								
BOB	HGm 2/2	31	1985	7 630	20	30/12	296	Steck/Deutz/SL

Triebwagen

Auch bei den Triebwagen sind hier nur wenige Bauarten zu ergänzen, in allen Fällen handelt es sich um Gleichstrom-Fahrzeuge:
Für die Materialzüge beim Bau des Barberine-Staudammes beschaffte die SBB 1921 die beiden BDeh 4/4 31 und 32, die später in den Bestand der MC übergingen. Mit einer Stundenleistung von 298 kW waren die Triebwagen für damalige Verhältnisse zwar recht gut motorisiert, wiesen aber nur 32 Plätze auf. Seit vielen Jahren kommen sie fast nur noch für Güter- und für Dienstzüge zum Einsatz.
Die 1931 anläßlich der Elektrifizierung der SGA-Strecke St.Gallen–Appenzell (heute AB) beschafften BCFeh 4/4 1 bis 5 waren mit einer Stundenleistung von 440 kW seinerzeit die weltweit stärksten Triebwagen für gemischten Adhäsions- und Zahnradbetrieb, die Kraftübertragung erfolgte über Kardanwellen von den unter dem Wagenboden aufgehängten Motoren. Sie wurden erst 1981 von Neubau-Fahrzeugen abgelöst und kamen danach noch vor den schweren Rollbockzügen auf den Tallinien zum Einsatz. Der BCFeh 4/4 5 ist restauriert worden, er trägt wieder seine alte Lackierung und wird für Gesellschaftsfahrten angeboten.
Die BOB erhielt erst 1949 mit den drei ABDeh 4/4 301 bis 303 ihre ersten Triebwagen, sie weisen im Gegensatz zu den Nachfolgern von 1965 noch einen fest verkuppelten Adhäsions- und Zahnradantrieb auf. Seit vielen Jahren kommen sie fahrplanmäßig nicht mehr zum Einsatz, als Reserven und für Dienstzüge sind sie aber noch nicht entbehrlich. Der ABDeh 4/4 301 war lange Zeit an die MIB vermietet und soll nun wahrscheinlich ausrangiert werden.

BCFeh 4/4 5 der AB (ehem. SGA) von 1931

ABDeh 4/4 301 der BOB von 1949

Triebwagen – Kombinierte Bahnen

Bahn	Serie	Nr.	Jahr	LüP mm	t	km/h	kW	Herst.
MC	BDeh 4/4	31+32	1921	15 940	41	28/9	298	SLM/SWS/MFO
AB	BCFeh 4/4	5	1931	14 950	40	40/24	440	SLM/SIG/BBC
BOB	ABDeh 4/4	301–303	1949	17 000	40	70/30	632	SLM/BBC

HGe 4/4 12 der BVZ

HGe 4/4 33 der FO

Anläßlich ihrer Elektrifizierung stellte die BVZ 1929/30 die fünf Lokomotiven HGe 4/4 11 bis 15 in Dienst. Mit ihren niedrigen Vorbauten erinnern die Maschinen zwar ein wenig an die berühmten »Krokodile« der SBB und der RhB, es handelt sich jedoch um eine laufachslose Drehgestell-Bauart mit Einzelachsantrieb. Die charakteristischen langen Drehgestell-Rahmen sind durch die an den Kopftraversen federnd aufgehängten, außenliegenden Motoren bedingt. Die in Serie geschalteten Motoren werden durch eine zwölfstufige Hüpfersteuerung reguliert. Die zwischen den Motoren und den Zwischenwellen, die dem Adhäsions- und dem Zahnradantrieb dienen, ursprünglich angeordneten Rutschkupplungen wurden später wieder ausgebaut. Der vorwiegend in Leichtmetall ausgeführte Aufbau verfügt auch über einen kleinen Gepäckraum, im Gegensatz zu den späteren Deh 4/4 der FO und der BVZ wird dies in der Bauartbezeichnung jedoch nicht berücksichtigt.
Mit der HGe 4/4 16 beschaffte die BVZ 1939 eine weitere, in Fahrwerk und elektrischer Ausrüstung fast identische Maschine, die jedoch einen völlig anderen Aufbau besitzt: Die niedrigen Vorbauten entfielen, stattdessen wurde der nun in Stahlleichtbauweise ausgeführte Kasten verlängert und der Zugang zu den Führerständen erfolgt nun über kleine Plattformen, die auch einen Übergang von den Wagen erlauben. Neu ist auch die druckluftgesteuerte Vakuumbremse.
Bei der BVZ blieb diese Lok ein Einzelstück, sie wurde jedoch zum Vorbild für die von der benachbarten FO 1941 zur Aufnahme des elektrischen Betriebes beschafften vier Maschinen HGe 4/4 31 bis 34. Als Ergänzung folgten 1943 die HGe 4/4 35 und 1949 die HGe 4/4 36. Schließlich wurde 1956 nach den nun schon fast dreißig Jahren alten Konstruktionsplänen noch die HGe 4/4 37 gebaut.
Viele Jahrzehnte waren die Loks sowohl bei der FO wie bei der BVZ die klassischen Zugmaschinen für den »Glacier-Express«. Die BVZ-Lok 16 konnte 1951 nach einem Absturz wieder neu aufgebaut werden, ein ähnliches Schicksal erlitt 1962 die Lok 15, während die FO-Maschine 35 nach einem schweren Unfall 1970 abgebrochen werden mußte. Seit der Indienststellung der HGe 4/4 II in den Jahren 1986 bzw. 1990 sind die Altbauloks zwar aus den regulären Diensten verdrängt worden, als Reserveloks kommen sie aber immer noch zum Einsatz, bei der BVZ vorrangig für den umfangreichen Güterverkehr.

Bahn	Serie	Nr.	Jahr	LüP mm	t	km/h	kW	Herst.
BVZ	HGe 4/4 I	11–15	1929	14 100	47	45/25	736	SLM/SWS/MFO
	HGe 4/4 I	16	1939	14 100	45	50/25	736	SLM/MFO
FO	HGe 4/4 I	31–37	1941	14 122	47	55/30	892	SLM/MFO

Deh 120 und **De 110** SBB, LSE

Deh 120 012 der SBB

Zur Aufnahme des elektrischen Betriebes auf der Brünigbahn beschaffte die SBB 1941 die Gepäck-Triebwagen Fhe 4/6 901 bis 916 (später Deh 4/6, heute Deh 120). Die seinerzeit stärksten Zahnradbahn-Fahrzeuge der Welt können in Doppel- oder gar Dreifachtraktion bis zu 170 t schwere Züge befördern. Um die bei einer kombinierten Bahn unterschiedlichen betrieblichen Erfordernisse zu optimieren, wurden die Antriebe völlig getrennt: Die äußeren Drehgestelle tragen normale Adhäsionsantriebe in Tatzlagerbauweise, während das ebenfalls zweiachsige mittlere Drehgestell mit Laufachsen dem Zahnrad-Antrieb vorbehalten ist. Probeweise wurde 1987 der Deh 4/6 913 durch Ausbau des mittleren Drehgestelles zum reinen Adhäsionsfahrzeug De 4/4 für Pendelzüge auf den Tallinien umgebaut. Positive Erfahrungen führten zum Umbau von fünf weiteren Maschinen, sie werden heute als De 110 bezeichnet. Zwei der Gepäck-Triebwagen wurden – ebenfalls ihrer Zahnrad-Antriebe beraubt – an die LSE verkauft.

Bahn	Serie	Nr.	Jahr	LüP mm	t	km/h	kW	Herst.	Anm.
SBB	Deh 120	006–012	1941	14 600	54	75/33	930	SLM/BBC/MFO/SAAS	1)
	De 110	000–005	1941	14 600	40	75	894	SLM/BBC/MFO/SAAS	1)
LSE	De 4/4	121+122	1941	14 600	40	75	894	SLM/BBC/MFO/SAAS	2)

1) ehem. Deh 4/6 901..916
2) ehem. Deh 4/6 905 und 907 der SBB

Deh 4/4 I und Deh 4/4 II

Deh 4/4 54 der FO

Zur Einführung des Pendelzugbetriebes wurden von der FO ab 1972 zunächst die fünf Gepäck-Triebwagen Deh 4/4 51 bis 55 und das passende Wagenmaterial beschafft. Die starken Maschinen verfügen über eine Stundenleistung von 1032 kW und eine Anfahrzugkraft von 247 kN, Adhäsions- und Zahnradantrieb sind getrennt. Wegen des auf der Steilstrecke von Göschenen hinauf nach Andermatt vorgeschriebenen Schiebebetriebes stehen die Triebwagen in den Pendelzügen immer in Richtung Disentis, es wurde darum nur einseitig eine automatische +GF+-Kupplung installiert. Die BVZ stellte ab 1975 ihre vier Deh 4/4 21 bis 24 in Dienst. Zwar stimmen sie im mechanischen Teil und im Leichtmetall-Kasten mit der FO-Serie überein, beim Antrieb wurde jedoch mit thyristorgesteuerten Gleichstrom-Motoren eine fortschrittlichere Lösung gewählt, die damit erstmals für Zahnradbahnen zur Anwendung kam.
1979 konnten von der FO vier weitere Gepäck-Triebwagen und 1984 nochmals zwei beschafft werden. Bei diesen Deh 4/4 II 91 bis 96 wurden zwar die elektrische Ausrüstung und der mechanische Teil der ersten Serie im wesentlichen beibehalten, durch den neuen Kasten in leichter Stahlbauart mit gesickten Seitenwänden sind sie jedoch auf den ersten Blick zu unterscheiden.

Bahn	Serie	Nr.	Jahr	LüP mm	t	km/h	kW	Herst.
FO	Deh 4/4 I	51–55	1972	16 900	48	60/30	1 032	SIG/SLM/BBC
	Deh 4/4 II	91–96	1979	15 500	51	60/30	1 032	SLM/BBC
BVZ	Deh 4/4	21–24	1975	16 900	49	65/35	1 094	SIG/SLM/SAAS

Deh 4/4 23 der BVZ

Deh 4/4 II 96 der FO

HGe 101 962 der SBB

Für die SBB-Brünigbahn und die FO wurden die schweren Zahnradlokomotiven HGe 4/4 II entwickelt, die über eine Stundenleistung von 1900 kW und über eine Anfahrzugkraft von 230 kN im Adhäsionsbetrieb und von 280 kN auf der Zahnstange verfügen. Sie besitzen Wellenstrom-Motoren mit Thyristor-Steuerung, ein neuartiges Differentialgetriebe sorgt für eine optimale Verteilung des Drehmomentes auf Adhäsions- und Zahnradantrieb. Zunächst wurden 1985 als Vorabserie drei Maschinen an die FO (101 bis 103) und zwei an die Brünigbahn (1951 und 1952) geliefert. Die im wesentlichen identische Serienlieferung ab 1989 umfaßte acht Lokomotiven für die SBB (nach dem neuen Nummernschema als Reihe 101 961-968 bezeichnet und im Farbdesign der Lok 2000) und drei für die FO (106 bis 108) sowie fünf für die benachbarte BVZ (1-5). Die beiden SBB-Maschinen der Vorserie sind vereinbarungsgemäß 1990 an die FO übergegangen, dort tragen sie heute die Nummern 104 und 105.

Bahn	Serie	Nr.	Jahr	LüP mm	t	km/h	kW	Herst.	Anm.
SBB	HGe 101	961–968	1989	14 800	64	100/30	1 900	SLM/BBC	
FO	HGe 4/4 II	101–103	1986	14 776	64	90/35	1 900	SLM/BBC	
	HGe 4/4 II	104+105	1985	14 776	64	90/35	1 900	SLM/BBC	1)
	HGe 4/4 II	106–108	1989	14 776	64	90/35	1 900	SLM/ABB	
BVZ	HGe 4/4 II	1–5	1990	14 776	64	90/35	1 900	SLM/ABB	

1) bis 1990 SBB HGe 4/4 II 1951 und 1952

HGe 4/4 II 108 der FO

HGe 4/4 II 5 der BVZ

HGm 4/4 61 der FO

Als fahrdrahtunabhängige Reserve und für Bauzüge beschaffte die FO 1968 die beiden dieselelektrischen Streckenlokomotiven HGm 4/4 61 und 62. Mit einer Leistung von 700 kW zählen sie auch heute noch zu den stärksten Zahnradbahn-Dieselfahrzeugen der Welt. Bis zur Eröffnung des Basis-Tunnels wurden sie im Herbst und im Frühsommer zur Demontage der Fahrleitung auf der alten Bergstrecke über den Furkapass eingesetzt. Die mit zwei Cummins-Schiffsdieselmotoren ausgerüsteten Lokomotiven sind nicht nur in der äußeren Form des Wagenkastens verwandt mit den gleich alten Zweikraft-Lokomotiven Gem 4/4 801 und 802 der RhB. Die Zahnrad-Drehgestelle finden wir in ähnlicher Bauart schon bei den LSE-Triebwagen BDeh 4/4 und später auch bei den Gepäck-Triebwagen Deh 4/4 der FO.

Bahn	Serie	Nr.	Jahr	LüP mm	t	km/h	kW	Herst.
FO	HGm 4/4	61+62	1968	13 990	54	50	700	SLM/Cum/BBC/MFO

BDeh 2/4 FO

BDeh 2/4 42 der FO

Bei der FO, mit 100 km Streckenlänge die größte Zahnradbahn der Schweiz, wurde erst 1942 der elektrische Betrieb aufgenommen. Neben den Lokomotiven HGe 4/4 I wurden damals für den Regionalverkehr vier Triebwagen BCFeh 2/4 beschafft, ein fünftes baugleiches Fahrzeug erhielt die damals noch selbständige, erst 1961 mit der FO fusionierte Schöllenenbahn. Im Gegensatz zu etwa gleichzeitig entstandenen Triebwagen für Gleichstrom-Zahnradbahnen wie den BDeh 2/4 der BVB weisen die FO-Triebwagen die Achsfolge Bo'2' auf, besitzen also nur ein Triebdrehgestell. Der Adhäsions- und der Zahnradantrieb sind fest verkuppelt, die Stundenleistung beträgt 430 kW. Ab 1974 erfolgte für den Einsatz in Pendelzügen der Einbau einer Vielfachsteuerung, gleichzeitig wurden die Erstklass-Abteile in normale B-Abteile umgebaut, die Triebwagen tragen seither die Bezeichnung BDeh 4/4 41 bis 45. Nach der Beschaffung der Hochleistungs-Lokomotiven HGe 4/4 II konnte der Einsatz der alten Triebwagen stark reduziert werden. Die Fahrzeuge 42 und 44 sind als erste remisiert worden und der Triebwagen 43, der schon 1971 nach einem Unfall einen Führerstand verloren hatte, wurde 1995 abgebrochen.

Bahn	Serie	Nr.	Jahr	LüP mm	t	km/h	kW	Herst.
FO	BDeh 2/4	41...45	1941	16 700	36	55/30	430	SLM/BBC

RHB ABDeh 2/4

ABDeh 2/4 23 der RHB

Die schon 1875 eröffnete und nur rund 7 km lange RHB, nicht zu verwechseln mit der schmalspurigen RhB, ist die einzige normalspurige, mit Wechselstrom elektrifizierte Zahnradbahn der Schweiz. Zur Aufnahme des elektrischen Betriebes waren 1930 zunächst die beiden heute noch als Betriebsreserve dienenden Gepäcklokomotiven DZeh 2/4 in Dienst gestellt worden. 1953 wurde dann der ABDeh 2/4 23 beschafft. Ein weiterer, im wesentlichen baugleicher Triebwagen folgte 1967. Die äußerlich und auch in vielen Details an die EAV-Bauart erinnernden Fahrzeuge sind mit einer LüP von rund 17 Metern allerdings wesentlich kleiner. Die Stundenleistung von 546 kW reicht jedoch aus, um auch Güterwagen oder Leichtstahl-Personenwagen vom Hafenbahnhof Rorschach hinauf nach Heiden zu befördern. 1987 wurden beide Triebwagen für den Pendelzugbetrieb mit dem als Occasion beschafften Bt4-Steuerwagen 31 hergerichtet, neben der Fernsteuerung wurde dabei auch ein neues Bremssystem installiert. Der Triebwagen 24 wurde zum einklassigen BDeh 2/4 umgezeichnet.

Bahn	Serie	Nr.	Jahr	LüP mm	t	km/h	kW	Herst.
RHB	ABDeh 2/4	23	1953	17 260	42	25/25	546	SLM/BBC
	BDeh 2/4	24	1967	17 260	42	25/25	546	SLM/BBC

BDeh 6/6 BVZ

BDeh 6/6 2031 der BVZ

Um dem wachsenden Verkehrsaufkommen gerecht zu werden, stand bei der BVZ Ende der fünfziger Jahre die Beschaffung von neuem Rollmaterial an. Dabei wandte man sich nach eingehenden Untersuchungen von lokbespannten Zügen der Entwicklung leistungsfähiger Triebwagen zu. 1960 wurden die beiden ABDeh 6/6 2031 und 2032 in Dienst gestellt. Eine konstruktive Besonderheit dieser Doppeltriebwagen sind die in der Schweiz sonst fast nur bei Trambahn-Fahrzeugen anzutreffenden Jacobs-Drehgestelle, auf die sich beide Wagenkästen im Gelenkteil abstützen. Die Motoren sind in Längsrichtung angeordnet, zum Antrieb sind daher Winkelgetriebe nötig. Für den neu konzipierten Pendelzug-Verkehr zum autofreien Zermatt wurden 1981/82 beide Triebwagen mit Vielfachsteuerung ausgerüstet. Für die Einmann-Bedienung verfügen sie seither auch über elektropneumatische Türschließung, außerdem wurde eine durchgehende Druckluft-Leitung installiert. Seit 1987 kommen sie mit den Niederflur-Großraumwagen BDk und BDkt zum Einsatz, die speziell für die Mitnahme von Kofferkulis vom Parkplatz in Täsch bis zum Ziel in Zermatt entwickelt wurden. Ab 1991 erfolgte im Rahmen von Revisionen der Umbau zu einklassigen Fahrzeugen, seither sind sie als BDeh 6/6 im Einsatz.

Bahn	Serie	Nr.	Jahr	LüP mm	t	km/h	kW	Herst.
BVZ	BDeh 6/6	2031+2032	1960	32 300	71	55/30	882	SIG/SLM/SAAS

LSE **BDeh 4/4**

BDeh 4/4 1 der LSE

Die LSE wurde erst 1964 anläßlich ihrer Anbindung an die Brünigbahn der SBB von einer nicht mehr zeitgemäßen Drehstrombahn auf den »Einheits«-Wechselstrom umgebaut und besitzt einen so homogenen Triebfahrzeugpark, wie sonst keine vergleichbare Bahn der Schweiz: Zur Umstellung 1964 wurden zunächst die Triebwagen BDeh 4/4 1 bis 5 in Dienst gestellt, zwei weitere folgten 1970 und mit dem BDeh 4/4 8 wurde 1980 nochmals ein im wesentlichen unverändertes Fahrzeug beschafft. Zwar entsprechen die technischen Normen weitgehend denen der Brünigbahn, die Strecke der LSE weist jedoch Steigungen bis zu 246 ‰ auf, worauf bei der Konstruktion der Triebwagen Rücksicht zu nehmen war. So erhielten die Drehgestelle erstmals für diese Leistungsklasse einen abkuppelbaren Adhäsionsantrieb. Die Stundenleistung von 736 kW erlaubt auf den Talstrecken eine Höchstgeschwindigkeit von 75 km/h, auf der Zahnstange ist sie auf 25 km/h begrenzt. Die BDeh 4/4 können in Vielfachsteuerung und auch zusammen mit Brünig-Zügen gefahren werden.

Bahn	Serie	Nr.	Jahr	LüP mm	t	km/h	kW	Herst.
LSB	BDeh 4/4	1–5	1964	17 840	46	75/20	736	SWP/SLM/BBC
	BDeh 4/4	6+7	1970	17 840	46	75/20	736	SWP/SLM/BBC
	BDeh 4/4	8	1980	17 840	46	75/20	736	SWP/SLM/BBC

ABDeh 8/8 BVZ

ABDeh 8/8 2042 der BVZ

Die 1965 beschafften ABDeh 8/8 2041 bis 2043 entsprechen konstruktiv im mechanischen wie im elektrischen Teil im wesentlichen den Doppeltriebwagen ABDeh 6/6 von 1960. Die beiden Wagenkästen sind jedoch um jeweils ein Abteil länger und vor allem wurde das gemeinsame Jacobs-Drehgestell im Gelenk nicht beibehalten. Durch die nunmehr vier Triebdrehgestelle konnte die Stundenleistung von 882 kW auf 1176 kW gesteigert werden. Die charakteristischen, optisch wie Schürzen wirkenden Luftkanäle unterhalb der Wagenkästen verweisen auf die unterflur installierten Transformatoren. Ab 1985 wurden auch die ABDeh 8/8 für Einmann-Bedienung und Pendelzugbetrieb umgebaut. Lange Jahre gehörte zu den vornehmsten Aufgaben der drei Doppeltriebwagen die Traktion des »Glacier-Express« auf dem Streckenabschnitt der BVZ. Hier sind sie inzwischen durch die neuen Lokomotiven HGe 4/4 II von 1990 abgelöst worden und kommen heute vorwiegend im schweren Personenzugverkehr Brig–Zermatt, jedoch bei Bedarf auch in den Pendelzügen Täsch–Zermatt zum Einsatz.

Bahn	Serie	Nr.	Jahr	LüP mm	t	km/h	kW	Herst.
BVZ	ABDeh 8/8	2041–2043	1965	36 100	88	55/30	1 176	SIG/SLM/SAAS

BDeh 2/4 und **ARSeh 2/4**

BDeh 2/4 202 der AL

Die heutige BVB gehört mit ihrem 1900 eröffneten Abschnitt Bévieux–Gryon zu den ältesten mit Gleichstrom betriebenen Zahnradbahnen der Schweiz. 1940 beschaffte man zunächst drei Triebwagen mit kombiniertem Adhäsions-/Zahnrad-Antrieb, drei weitere folgten 1944/45. Die heutigen BDeh 2/4 21 bis 26 sind mit den Bhe 2/4 der MTGN von 1938 eng verwandt, wie bei diesen weisen die Drehgestelle als typisches Konstruktionsmerkmal jener Zeit größere Trieb- und kleinere Laufradsätze auf.

Die 1946 von der AL beschafften BDeh 2/4 201 bis 203 stellen eine Weiterentwicklung der BVB-Triebwagen dar, die Stundenleistung wurde von 176 auf 250 kW verstärkt. Der nur auf der kurzen Talstrecke Aigle–Aigle-Dépôt nötige Adhäsionsantrieb wurde abkuppelbar ausgeführt. Durch den Verzicht auf Stirnwandtüren besitzen die BDeh 2/4 der BVB und der AL wie auch die erwähnten Bhe 2/4 der MTGN für die damalige Zeit ungewöhnlich große, ungeteilte Frontscheiben. Bei der AL wurde der Triebwagen 201 im Jahre 1995 in den Salon-Bar-Triebwagen ARSeh 2/4 und wird seither für Sonderfahrten angeboten.

BDeh 2/4 22 der BVB

Bahn	Serie	Nr.	Jahr	LüP mm	t	km/h	kW	Herst.
BVB	BDeh 2/4	21–26	1940	15 000	19	35/18	176	SLM/MFO
AL	ARSeh 2/4	201	1946	15 500	25	25/15	250	SLM/BBC
	BDeh 2/4	202–203	1946	15 500	25	25/15	250	SLM/BBC

ABDeh 4/4

ABDeh 4/4 7 der AB [Foto: E. Romanowski]

Zu den ältesten Triebwagen kombinierter Bahnen, die noch täglich im fahrplanmäßigen Einsatz stehen, zählen die 1953 von der damaligen SGA (heute AB) beschafften ABDeh 4/4 6 bis 8. Sie wurden speziell für die Steigungen bis zu 160 ‰ aufweisende Strecke Altstätten–Gais entwickelt und dürfen auch noch heute als einzige Triebfahrzeuge der AB dort verkehren. In vielen konstruktiven Details sind sie mit den inzwischen ausrangierten ABDeh 4/4 der BOB von 1949 verwandt. Der kombinierte Adhäsions- und Zahnradantrieb ist fest verkuppelt, bei Talfahrt auf den steilen Zahnstangen-Abschnitten muß die vmax. auf 17 km/h reduziert werden. 1993 wurde mit der Modernisierung der Triebwagen begonnen, anläßlich einer Hauptrevision erhielt der ABDeh 4/4 6 als erster eine neue Inneneinrichtung.

Bahn	Serie	Nr.	Jahr	LüP mm	t	km/h	kW	Herst.
AB	ABDeh 4/4	6–8	1953	15 800	36	55/17	472	SLM/BBC

BDeh 4/4 (I) AOMC

BDeh 4/4 14 der AOMC

1946 erfolgte der Zusammenschluß der Adhäsionsbahn AOM (Aigle–Monthey) mit der Zahnradbahn MCM (Monthey–Champéry) zur heutigen AOMC. Mit den dann ab 1954 beschafften Triebwagen BDeh 4/4 11 bis 14 konnte erstmals ein durchgehender Betrieb auf der Gesamtstrecke eingerichtet werden. Der Adhäsionsantrieb der elektrisch und mechanisch konventionell ausgeführten Triebwagen ist abkuppelbar ausgeführt. Die Stundenleistung von 368 kW reicht aus, um auch die 1967 gebauten und mit 7,5 t extrem leichten Personenwagen B4 23 bis 25 befördern zu können. Nach mehreren Wechseln der Livree tragen heute auch die BDeh 4/4 das typische Design der in der TPC-Gruppe zusammengefaßten Bahnen. Die in der Schweiz weit verbreitete Sitte der Namensgebung wird auch bei der AOMC gepflegt, die Stirnseiten werden von kleinen Wappenschildern der jeweiligen Patenorte geschmückt.

Bahn	Serie	Nr.	Jahr	LüP mm	t	km/h	kW	Herst.
AOMC	BDeh 4/4 (I)	11–14	1954	14 610	30	50/18	368	SWP/BBC

BDeh 4/4 7 der MC

Als einmalige Besonderheit der Schweizer Bahnen erfolgt bei der MC die Stromversorgung auch heute noch in weiten Teilen nicht per Oberleitung, sondern über eine seitliche Stromschiene. Dieses von U- und S-Bahnen bekannte System wurde in Abstimmung mit der anschließenden französischen Schmalspurbahn installiert, um eine durchgehende Verbindung über Chamonix bis St-Gervais zu ermöglichen. Die Talstrecke Martigny–Vernayaz der MC war von Anfang an mit normaler Fahrleitung versehen worden, aus Sicherheitsgründen soll nach und nach die gesamte Strecke bis zur Grenze mit Oberleitung ausgerüstet werden.
1957 beschaffte die MC zur Modernisierung ihres Betriebes die drei Triebwagen BDeh 4/4 4 bis 6, zwei baugleiche Fahrzeuge 7 und 8 wurden 1964 nachgebaut. Gegenüber den Triebwagen von 1908 und 1921 konnte mit den 560 kW starken Fahrzeugen die Höchstgeschwindigkeit im Adhäsionsbetrieb von 35 auf 50 km/h und auf dem Zahnstangen-Abschnitt von 9 auf 25 km/h gesteigert werden. Die BDeh 4/4 sind für den Pendelzugbetrieb eingerichtet und werden zweiteilig mit Bt-Steuerwagen eingesetzt. Auch ihnen blieb die Mode einer schrillen Werbelackierung nicht erspart, sie tragen heute auf weißem Grund rote Diagonalbalken und die Aufschrift »Mont-Blanc-Express«.

Bahn	Serie	Nr.	Jahr	LüP mm	t	km/h	kW	Herst.
MC	BDeh 4/4	4–8	1957	18 000	38	50/25	560	SWP/SAAS

BDeh 1/2 RhW

BDeh 1/2 1 der RhW

Zu den kleinsten Privatbahnen der Schweiz gehört die RhW, deren heutige Strecke mit kombiniertem Adhäsions- und Zahnstangenbetrieb erst 1958 durch Umbau und Zusammenfügung einer kurzen Trambahnstrecke und einer Drahtseilbahn entstanden ist. Die Betriebslänge beträgt nur knapp 2 km. Als einzige Bahn der Schweiz verfügt sie über eine Spurweite von 1 200 mm, da beim Umbau die ehemaligen Drahtseilbahngleise weitgehend beibehalten werden sollten. Erwähnenswert ist auch die Maximalsteigung von 252 ‰, durch die die RhW die steilste Zahnradbahn der Schweiz mit konventioneller Zahnstange ist. Ein Superlativ ist aber auch der Rollmaterialpark,da er nur aus einem einzigen Fahrzeug, dem 1958 gebauten BDeh 1/2 1 besteht. Mit einer Stundenleistung von 212 kW ist der Triebwagen als Alleinfahrer ausreichend motorisiert. Die notwendigen Wartungsarbeiten und Reparaturen erfolgen überwiegend während der betrieblichen Nachtruhe, wozu ein großzügiges Ersatzteillager vorgehalten wird. So konnte der einfach und robust gebaute Triebwagen bislang ohne größere Betriebsunterbrechungen eingesetzt werden.

Bahn	Serie	Nr.	Jahr	LüP mm	t	km/h	kW	Herst.
RhW	BDeh 1/2	1	1958	10 700	15	30/20	212	SLM/FFA/BBC

ABeh 4/4 I

ABeh 4/4 309 der BOB

Um den gestiegenen Verkehrserfordernissen gerecht zu werden, stellte die BOB 1965 mit den ABeh 4/4 304 bis 308 ihre zweite Triebwagen-Generation in Dienst. Als baugleiche Nachlieferung folgten 1979 die Fahrzeuge 309 und 310. Die konventionelle Antriebstechnik und die elektrische Widerstandsbremse entsprechen dem damaligen Entwicklungsstand, mit einer Stundenleistung von 1000 kW und einer Anfahrzugkraft von157 kN gehören die Triebwagen zu den stärksten schmalspurigen Gleichstrom-Fahrzeugen jener Zeit. Im Gegensatz zu den heute nicht mehr eingesetzten ABDeh 4/4 der BOB von 1949 ist der Adhäsions-Antrieb nun abkuppelbar. Nach den gemeinsamen Normalien der BOB und der benachbarten SBB-Brünigbahn sind auch sie mit der in der Schweiz weit verbreiteten +GF+-Zentralkupplung ausgestattet.

Bahn	Serie	Nr.	Jahr	LüP mm	t	km/h	kW	Herst.
BOB	ABeh 4/4 I	304–308	1965	17 200	44	60/30	1 000	SIG/SLM/BBC
		309+310	1979	17 200	44	60/30	1 000	SIG/SLM/BBC

BDeh 4/4 AL

BDeh 4/4 301 der AL

Insbesondere in der Wintersportsaison konnten Mitte der sechziger Jahre die leichten Triebwagen BDeh 2/4 201 bis 203 der AL mit ihren kleinen zweiachsigen Beiwagen den Verkehrsanforderungen nicht mehr genügen. Es wurden darum zwei Pendelzüge mit den Triebwagen BDeh 4/4 301 und 302 und den Bt-Steuerwagen 351 und 352 beschafft. Mit einer Stundenleistung von 596 kW sind sie im Vergleich mit den alten Triebwagen von 1944 mehr als doppelt so stark, die Höchstgeschwindigkeit konnte von bisher 25 km/h (Zahnstange 15 km/h) auf 40 km/h (24 km/h) gesteigert werden. Die elektrische Ausrüstung mit Schützensteuerung und elektrischer Widerstandsbremse entspricht dem damaligen Standard. Zwar weisen die Triebwagen wie ihre Vorgänger 48 Sitze auf, durch die Anordnung nur einer Einstiegsplattform als Mitteleinstieg konnten die Platzverhältnisse jedoch etwas großzügiger gestaltet werden. An den Trieb- wie an den Steuerwagen wurden einseitig gegeneinander automatische +GF+-Kupplungen installiert, während die Endseiten zur Mitnahme von Güterwagen die altbewährten Trichterkupplungen tragen.

Bahn	Serie	Nr.	Jahr	LüP mm	t	km/h	kW	Herst.
AL	BDeh 4/4	301+302	1966	16 100	33	40/24	596	SIG/SAAS

BDeh 2/4 72 der CEV

Mit den 1969 gelieferten Triebwagen BDeh 2/4 71 bis 74 wurde bei der CEV erstmals ein durchgehender Betrieb möglich. Zuvor verkehrten auf der Talstrecke Vevey–Blonay reine Adhäsions-Triebwagen, deren Beiwagen auf der Bergstrecke Blonay–Les Pléiades den kleinen Zahnrad-Lokomotiven He 2/2 vorgestellt wurden. Das Antriebssystem mit nur einem Fahrmotor und außer dem Zahnrad nur einem angetriebenen Radsatz je Drehgestell war bei Fahrzeugen für gemischte Adhäsions- und Zahnradbahnen früher weit verbreitet, in der Schweiz wurde es bei diesen CEV-Triebwagen letztmals angewendet. Da für ein Einzelfahrzeug die Konstruktion und Produktion zu aufwendig gewesen wäre, wurde als prinzipiell unveränderter Nachbau 1983 der BDeh 2/4 75 beschafft. Schon seit der 1976 erfolgten Lieferung der Steuerwagen Bt 221 und 222 konnten bei Bedarf zweiteilige Pendelzügen eingesetzt werden. Gleiche Steuerwagen leichter Bauart mit der charakteristischen Rundum-Verglasung finden wir auch bei der BVB. Zusammen mit dem Triebwagen 75 wurden 1983 die neuen Steuerwagen Bt 223 und 224 beschafft.

Bahn	Serie	Nr.	Jahr	LüP mm	t	km/h	kW	Herst.
CEV	BDeh 2/4	71–74	1969	17 600	34	50/16	428	SWP/SAAS
	BDeh 2/4	75	1983	17 600	34	50/16	428	SWP/BBC

BDeh 4/4 (I) BVB

BDeh 4/4 81 der BVB

Da die zu Beginn der vierziger Jahre in Dienst gestellten BDeh 2/4 vor allem in der Wintersaison dem gestiegenen Verkehrsaufkommen nicht mehr genügten, beschaffte die BVB 1977 die beiden moderne Triebwagen BDeh 4/4 81 und 82 sowie zu Bildung von zwei- oder dreiteiligen Pendelzügen die Steuerwagen Bt 63 und 64 sowie die Zwischenwagen B 53 und 54. Die Motorwagen sind mit konventioneller Antriebstechnik ausgestattet. Da ein Teil der elektrischen Ausrüstung in Apparateschränken untergebracht ist, verfügen sie neben einem geräumigen Gepäckabteil nur über 24 Sitzplätze. Auf Einstiegsplattformen an den Wagenenden konnte daher auch verzichtet werden, die BDeh 4/4 weisen nur einen, etwa in Wagenmitte liegenden Einstieg mit breiter Doppeltüre auf. Auffällig bei den Triebwagen wie bei den Bei- und den Steuerwagen ist die großzügige Verglasung mit halbrund gebogenen Frontscheiben beidseits der Stirnwandübergänge.

Bahn	Serie	Nr.	Jahr	LüP mm	t	km/h	kW	Herst.
BVB	BDeh 4/4 (I)	81+82	1977	15 400	37	40/16	720	SWP/SLM/SAAS

BDeh 4/4 (II)

BDeh 4/4 501 der MC

Ein Einzelstück ist der 1980 von der MC beschaffte BDeh 4/4 501 geblieben. Der wagenbauliche Teil wurde von den Adhäsionstriebwagen BDe 4/4 der GFM von 1972 weiterentwickelt, die Drehgestelle mit abkuppelbarem Adhäsionsantrieb entsprechen konstruktiv denen der LSE-Triebwagen BDeh 4/4. Mit dem 716 kW leistenden Fahrzeug konnte nun erstmals bei der MC ein dreiteiliger Pendelzug gebildet werden, die Wagenkästen der hierzu gleichzeitig beschafften Bt 601 und 602 entsprechen im wesentlichen dem Triebwagen. Wie die Fahrzeuge von 1957 und 1964 wurde in Anpassung an die Triebwagen Z 600 der anschließenden SNCF-Strecke auch der neue Pendelzug mit Scharfenberg-Kupplungen ausgerüstet. Durchgehende Züge, wie es sie ab 1957 mit den BDeh 4/4 4 bis 6 kurzzeitig gab, wurden jedoch nicht in den Fahrplan aufgenommen. Lediglich ein Bt wurde als Kurswagen einmal täglich in Châtelard übernommen, wegen der recht aufwendigen Rangiermanöver wurde dieser Dienst jedoch 1989 wieder eingestellt. Erst mit den von MC und SNCF gemeinsam bestellten Doppeltriebwagen BDeh 4/8 soll wieder ein echter internationaler Verkehr eröffnet werden.

Bahn	Serie	Nr.	Jahr	LüP mm	t	km/h	kW	Herst.
MC	BDeh 4/4 (II)	501	1980	17 800	41	65/24	716	SWP/SLM/BBC

BDeh 4/4 AB

BDeh 4/4 14 der SGA, heute AB

Im Rahmen der Erneuerung der Stammstrecke St.Gallen–Appenzell erhielt 1981 die damals noch selbständige SGA neue Pendelzüge. Die ursprünglich vorgesehene Beseitigung des Zahnstangenabschnittes Ruckhalde konnte nicht realisiert werden, es mußten daher wieder Fahrzeuge für den gemischten Betrieb beschafft werden. Mit den vier BDeh 4/4 11 bis 14 und den zugehörigen Steuerwagen ABt 111 bis 114 wurde ein weiterer, identischer Pendelzug BDeh 4/4 15 plus ABt 115 geliefert, der vorerst der AB gehörte, die 1989 mit der SGA zur heutigen AB (Appenzeller Bahnen) fusionierte. Bei den Triebwagen konnte auf den zweiten Führerstand verzichtet werden, wie die Steuerwagen weisen sie statt der klassischen Stirnwandübergänge moderne Frontpartien mit leicht abgeschrägten Führerständen auf. Im elektrischen Teil mit bewährter elektropneumatischer Schützensteuerung werden die Fahrmotorströme elektronisch überwacht. Der Adhäsionsantrieb ist abkuppelbar. 1993 wurde der Fahrzeugpark der AB um zwei weitere Pendelzüge mit BDeh 4/4 16 und 17 erweitert, neben den zugehörigen ABt-Steuerwagen wurden auch vier B-Zwischenwagen zur Bildung dreiteiliger Züge beschafft. Von der Erstlieferung des Jahres 1981 sind die neuen Triebwagen vor allem durch die modernen Außenschwingtüren zu unterscheiden.

Bahn	Serie	Nr.	Jahr	LüP mm	t	km/h	kW	Herst.
AB	BDeh 4/4	11–15	1981	17 410	45	65/40	820	FFA/SLM/BBC
	BDeh 4/4	16+17	1993	17 410	45	65/40	820	FFA/SLM/ABB

BOB ABeh 4/4 II

ABeh 4/4 312 der BOB

Als Ersatz für die nicht mehr zeitgemäßen und zu wenig leistungsfähigen Triebwagen von 1949 beschaffte die BOB 1986 die drei modernen ABeh 4/4 II 311 bis 313. Gleichzeitig wurden auch Steuerwagen BDt in Dienst gestellt, die zusammen mit modernisierten Personenwagen erstmals bei der BOB die Bildung von Pendelzügen ermöglichen. Mit einer Stundenleistung der vier Gleichstrom-Reihenschlußmotoren von zusammen 1256 kW und einer Anfahrzugkraft von 300 kN übertreffen sie die Deh 4/4 der FO und der BVZ und sind die stärksten Zahnrad-Triebwagen der Schweiz. Die Zugkraftübertragung erfolgt über seitliche Lenkerstangen an den Drehgestellen. Ein programmierbares Zugsteuerungs-System bewirkt unter anderem je nach Netzkapazität automatisch die Umschaltung von Widerstands- auf Nutzbremse. Durch das neue Farbdesign in den leicht veränderten BOB-Hausfarben schokoladenbraun/creme und die unterhalb der Fenster gesickten Seitenwände unterscheiden sich die neuen Triebwagen auch äußerlich deutlich von den ABeh 4/4 / des Jahres 1965.

Bahn	Serie	Nr.	Jahr	LüP mm	t	km/h	kW	Herst.
BOB	ABeh 4/4 II	311–313	1986	17 584	45	70/35	1 256	SLM/BBC

BDeh 4/4 303 der AL [Foto: M. Rosenberger]

BDeh 4/4 83 der BVB

Im Rahmen von umfassenden Erneuerungen bei den in der TPC-Gruppe zusammengefaßten Bahnen AL, ASD, AOMC und BVB stand Mitte der achtziger Jahre auch die Beschaffung von zwei Pendelzügen für die AL und einem für die BVB an. Für die 1987 gebauten Triebwagen BDeh 4/4 303 und 304 (AL) sowie 83 (BVB) wurde im mechanischen und im elektrischen Teil die Konstruktion der 1977 von der BVB beschafften BDeh 4/4 81 und 82 beibehalten, beim Wagenkasten beschritt man jedoch neue Wege. Dabei orientierte man sich in der Gestaltung an den gleichzeitig gebauten BDeh 4/4 der AOMC und den Adhäsionstriebwagen BDe 4/4 der ASD, der Grundriß mit Mitteleinstieg macht jedoch auch äußerlich die enge Verwandtschaft mit den BVB-Triebwagen von 1977 deutlich. Zugunsten einer einheitlichen Ausrüstung innerhalb der TPC-Gruppe und da passende Chopper ohnehin nicht zur Verfügung standen, hat man die konventionelle Schützen-Steuerung beibehalten. Wegen der unterschiedlichen Spannungen (AL 1500 V, BVB 650 V) konnte zwar der gleiche Motortyp verwendet werden, er ist jedoch bei der AL innerhalb eines Drehgestelles in Serie geschaltet, bei der BVB parallel. Zur Bildung zweiteiliger Pendelzüge wurden auch Bt-Steuerwagen beschafft. Während der BVB-Triebwagen nur noch einen Führerstand aufweist, wurden bei den Fahrzeugen für die AL zwei Führerstände beibehalten, damit die Triebwagen in verkehrsschwachen Zeiten auch als Alleinfahrer eingesetzt werden können. Da eine Mehrfachtraktion nicht vorzusehen war, konnte an den Enden der Pendelzug-Kompositionen auf Übergänge verzichtet werden, die Führerstände mit zwei großen Frontscheiben sind leicht geneigt. Die rückwärtigen Führerstände der AL-Triebwagen weisen hingegen das klassische Erscheinungsbild mit senkrechter Front und Stirnwandtüren auf, das unterschiedliche Farbdesign tut ein weiteres, um die beiden Fahrzeugenden zun unterscheiden. 1993 erhielt die AL als unveränderten Nachbau einen weiteren Pendelzug mit BDeh 4/4 305 und dem Steuerwagen Bt 355. Die Farbgebung in den AL-Hausfarben mit braunem Grund und cremefarbenen Zierstreifen und Stirnseiten hat man bei diesem Nachbau durch Austausch der Farben quasi ins Negative verkehrt.

Bahn	Serie	Nr.	Jahr	LüP mm	t	km/h	kW	Herst
AL	BDeh 4/4	303+304	1987	15 400	36	40/20	836	ACMV/SLM/BBC
	BDeh 4/4	305	1993	15 400	36	40/20	836	ACMV/SLM/ABB
BVB	BDeh 4/4	83	1987	15 400	36	40/20	720	ACMV/SLM/BBC

BDeh 4/4 (II) AOMC

BDeh 4/4 1 der AOMC

Zusammen mit den anderen in der TPC-Gruppe zusammengeschlossenen Bahnen erhielt 1987 auch die AOMC neue Pendelzüge. Wegen der abweichenden Normalien hättte jedoch der für die AL und die BVB entwickelte Typ für die AOMC nicht die optimale Lösung dargestellt. Stattdessen orientierte man sich an den seit 1985 von mehreren Schmalspurbahnen der Westschweiz beschafften Adhäsions-Triebwagen, die als BDe 4/4 auch für die ASD gebaut wurden. Den zunächst gelieferten beiden BDeh 4/4 1 und 2 mit Bt-Steuerwagen folgte 1992 eine weitere zweiteilige Einheit. Zugunsten einer konventionellen Schützensteuerung wurde wie auch bei den Triebwagen der anderen TPC-Bahnen auf eine Chopper-Steuerung verzichtet. Die Drehgestelle mit abkuppelbarem Adhäsionsantrieb entsprechen denen der BDeh 4/4 der SGA/AB von 1981. Für den allfälligen Einsatz als Alleinfahrer wurde die doppelte Führerstandseinrichtung beibehalten. In Anpassung an die auf der Talstrecke der AOMC eingesetzten Be 4/4 101 bis 105, die 1984 als Occasion von der Birsigtalbahn übernommen wurden, sind auch die BDeh 4/4 1 bis 3 mit der etwas ungewöhnlichen BSI-Kupplung mit zusätzlicher Kontaktleiste ausgestattet.

Bahn	Serie	Nr.	Jahr	LüP mm	t	km/h	kW	Herst.
AOMC	BDeh 4/4	1–3	1987	18 800	36	65/25	656	ACMV/SLM/BBC

BDeh 4/8 der MC [Foto: Vevey]

Aus einer Gemeinschaftsbestellung mit der SNCF stammen die beiden modernen Doppeltriebwagen BDeh 4/8 821/822 und 823/824 der MC. Sie werden zusammen mit den drei baugleichen SNCF-Fahrzeugen 801/802 bis 805/806 grenzüberschreitend auf der Gesamtstrecke Martigny–Châtelard–Chamonix–St-Gervais zum Einsatz kommen. Die stark geneigten Frontseiten mit den großen Führerstandsfenstern erinnern an die ABe 4/6 der FART und der SSIF. Die vorwiegend der Verbesserung des touristischen Angebotes dienenden BDeh 4/8 sind die ersten Schweizer Triebwagen mit zusätzlichen Panorama-Fenstern im Dachbereich. Drehgestelle mit Luftfederung verbessern den Fahrkomfort auf den kurvenreichen Strecken. Auch die elektrische Ausrüstung mit GTO-Antriebs-Wechselrichter und Drehstrom-Asynchronmotoren ist mit den Ge 4/4 der MOB verwandt. Da beide Teile der Doppeltriebwagen im wesentlichen identisch aufbegaut sind und komplette, voneinander unabhängige Antriebsausrüstungen besitzen, erhielten die Fahrzeuge nach französischen Usancen jeweils zwei Betriebsnummern.

Bahn	Serie	Nr.	Jahr	LüP mm	km/h	kW	Herst.
MC	BDeh 4/8	821/22+823/24	1997	37 800	70	1000	Vevey/SLM/ADtranz

Reine Zahnradbahnen

Der frühen touristischen Erschließung der Schweizer Alpen verdanken wir eine Vielzahl von Zahnradbahnen. Die eher dem ÖPNV dienenden Bahnen LO und Db mitgerechnet, wurden seit 1871 insgesamt 17 Bahnen eröffnet, von denen als einzige die BrMB stillgelegt worden ist. Die Zahl der eigenständigen Bahnen hat sich allerdings durch Fusionen untereinander oder mit Adhäsionsbahnen auf heute elf reduziert. In Normalspur sind nur die ältesten Bahnen VRB und ARB (heute RB) erbaut worden sowie die durch den Umbau von Standseilbahnen erst 1954/58 entstandene LO. Meterspur finden wir bei den 1898 eröffneten GGB und der JB sowie der Db, die als jüngste Zahnradbahn erst 1973 ebenfalls aus einer früheren Standseilbahn entstand. Die sechs weiteren Zahnradbahnen PB, MG, BRB, MTGN (früher GN und MGl), SPB und WAB, die nach einem regelrechten Bergbahnfieber in den nur vier Jahren von 1889 bis 1893 eröffnet wurden, weisen eine Spurweite von nur 800 mm auf.
Die Streckenlänge der reinen Zahnradbahnen umfaßt insgesamt rund 95 km. An der Spitze steht die WAB mit einer Strecke von 19 km, die betrieblich allerdings in zwei Abschnitte geteilt ist. Das Schlußlicht bildet die nur 1,3 km lange Db.

Der elektrische Betrieb

Mit Ausnahme der BRB werden heute alle Zahnradbahnen elektrisch betrieben. Die als erste Bahnen ihrer Art schon zur Eröffnung elektrifizierten GGB und JB sind dem damals gewählten Drehstrom mit allerdings veränderten Spannungen und Frequenzen bis heute treu geblieben. Die anderen Zahnradbahnen werden mit Gleichstrom betrieben, hierbei reichen die Spannungen von den 600 V der Db bis zu den auch bei den Adhäsionsbahnen weit verbreiteten 1500 V.

Elektrische Lokomotiven

Von den zur Betriebsaufnahme 1898 von der JB in Dienst gestellten Rowan-Zügen, bei denen sich der Vorstellwagen talseitig auf die Zahnradlokomotive He 2/2 abstützte, ist eine komplette Komposition mit der Lok Nr. 1 im Original erhalten geblieben und heute im VHS ausgestellt.
Von den ähnlichen Rowan-Zügen, die die GGB ab 1898 beschaffte, sind zwar noch die Drehstrom-Lokomotiven He 2/2 3001 bis 3003 im Bestand, sie erhielten jedoch

in den sechziger und siebziger Jahren neue verblechte Kästen und wurden ihrer Vorstellwagen beraubt, um fortan für Güter- und für Dienstzüge eingesetzt zu werden.
Die älteste Zahnrad-Lokomotive für Gleichstrom-Betrieb finden wir bei einer kombinierten Bahn: Die BGV (heute BVB) eröffnete 1900 als ihre zweite Teilstrecke den Zahnstangen-Abschnitt Bévieux–Gryon und von den hierfür beschafften He 2/2 ist die Lok 2 weitgehend im Originalzustand erhalten geblieben. Zuletzt kam sie für Dienstzüge zum Einsatz, ist aber inzwischen remisiert.
Die 1909 zur Eröffnung der MGl (heute MTGN) in Dienst gestellten Lokomotiven wurden zwar als HGe 2/2 bezeichnet, verfügen aber nur über einen Zahnrad-Antrieb. Während die HGe 2/2 2 noch weitgehend original erhalten ist und gelegentlich auch vor Nostalgie-Zügen eingesetzt wird, erhielt die heute unter der Nummer 101 eingesetzte Lok für den Betriebsdienst 1976 einen neuen Kasten, der ihr mit dem nach vorne geneigten Stirnfenstern ein recht ungewöhnliches Aussehen verleiht.
Aus dem Eröffnungsjahr 1911 der Bergstrecke Blonay–Les-Pléiades stammen die Berglokomotiven He 2/2 1 bis 3 der CEV, die heute noch als Reserve und für Dienstzüge im Bestand gehalten werden.
Eine Zahnrad-Lokomotive He 2/2 finden wir auch auf der AL, die 1915 gebaute Maschine kommt für Dienst- und für Güterzüge nur auf der Bergstrecke Aigle-Dépôt–Leysin zum Einsatz.

H[G]e 2/2 2 der MTGN von 1909

He 2/2 123 der LO von 1958

Bei der RB finden wir zwei elektrische Lokomotiven: Die He 2/3 8 wurde von der ARB 1930 in Dienst gestellt, die elektrische Ausrüstung ähnelt der des Triebwagens BDhe 2/4 7 von 1925. Während der Wintersaison dient die Lok als Schneeschleuder, im Spitzenverkehr kam sie auch im Personenverkehr zum Einsatz. Die VRB beschaffte 1938 mit der He 2/2 18 ihre einzige elektrische Lokomotive. Sie ist wesentlich leichter gebaut als die der ARB und dient vorwiegend dem Güter- und dem Dienstverkehr, kann aber auch für Personenzüge eingesetzt werden.
Bei der normalspurigen LO kommen seit dem 1958 erfolgten Umbau der ehemaligen Standseilbahn auf der nur 1,5 km langen Strecke von Lausanne-Gare hinunter zum Hafen Pendelzüge mit den Lokomotiven He 2/2 121 bis 123 zum Einsatz.

Elektrische Lokomotiven – Zahnradbahnen

Bahn	Serie	Nr.	Jahr	LüP mm	t	km/h	kW	Herst.	Anm.
Drehstrom-Lokomotiven									
JB	He 2/2	1	1898	4 380	14	9	176	SLM/BBC/SIG	VHS
GGB	He 2/2	3001+3002	1898	4 130	13	9	184	SLM/SIG/BBC	
		3003	1898	4 130	11	9	184	SLM/SIG/BBC	

Bahn	Serie	Nr.	Jahr	LüP mm	t	km/h	kW	Herst.	Anm.
Gleichstrom-Lokomotiven									
BVB	He 2/2	2	1900	5 110	15	10	162	SLM/IEG	
MTGN	H[G]e 2/2	2	1909	4 790	14	13	162	SLM/MFO	
	He 2/2	101	1909	4 790	15	13	162	SLM/MFO	
CEV	He 2/2	1–3	1911	5 520	17	20	390	SLM/MFO/SIG	
AL	He 2/2	12	1915	6 280	20	8	264	SLM/MFO/SIG	
RB	He 2/3	8	1930	8 450	30	15	448	SLM/MFO	
	He 2/2	18	1938	6 130	14	18	330	SLM/BB	
LO	He 2/2	121–123	1958	6 250	18	32	464	SLM/MFO	

Elektrische Triebwagen

Von der ARB (heute RB) wurden anläßlich ihrer Elektrifizierung mit Gleichstrom 750 V (1939 umgestellt auf 1500 V) die ersten Zahnradbahn-Triebwagen beschafft. Von den drei BDhe 2/4, die aus dem Ausland bezogen wurden, ist jedoch leider keiner erhalten geblieben. Der 1911 als Einzelstück gebaute BDhe 2/3 6 kommt heute als ältestes Exemplar seiner Gattung für Nostalgiefahrten zum Einsatz, nachdem er 1989 hervorragend restauriert worden ist und bei dieser Gelegenheit sogar einen neuen Holzkasten erhalten hat.

Zur Einsatzreserve gehört der gleich große, jedoch mit zwei Drehgestellen ausgerüstete BDhe 2/4 7 aus dem Jahre 1925.

Auf der 1954 zur normalspurigen Zahnradbahn umgebauten, ehemaligen Standseilbahn von Lausanne-Gare zum Stadtteil Flon setzt die zur LO gehörende LG die beiden Triebwagen Bhe 2/2 111 und 112 ein, sie lösten 1964 die schon rasch zu klein gewordenen Triebwagen der Erstaustattung ab.

Bei der VRB (heute RB) wurde 1965 der BDhe 4/4 5 in Dienst gestellt. Seine vier Motoren werden über ein elektronisch gesteuertes Stufenschaltwerk versorgt. Mit einer Stundenleistung von 880 kW und der bei Leerfahrt erreichbaren Höchstgeschwindigkeit von 30 km/h übertrifft der als Einzelstück gebaute Triebwagen seine Vorgänger beträchtlich.

Die jüngste Zahnradbahn der Schweiz ist die Db. Zwar wurde sie schon 1895 eröffnet, bis 1973 jedoch als Standseilbahn betrieben. Für ihre 1,3 km lange Strecke beschaffte sie als ihre einzigen Fahrzeuge die beiden Bhe 1/2 1 und 2. Für den Aufbau dieser Triebwagen kam erstmals statt der klassischen Fahrzeughersteller eine Karosserie-Firma zum Zuge.

BDhe 2/3 6 der RB (ARB) von 1911 [Foto: J.Burmeister]

BDhe 4/4 5 der RB (VRB) von 1965

Triebwagen – Zahnradbahnen

Bahn	Serie	Nr.	Jahr	LüP mm	t	km/h	kW	Herst.
Gleichstrom-Fahrzeuge								
RB	BDhe 2/3	6	1911	12 250	24	15	390	SWS/MFO
	BDhe 2/4	7	1925	12 200	26	15	448	SIG/MFO
LO/LG	Bhe 2/2	111+112	1964	11 900	19	32	464	SLM/SIG/MFO
RB	BDhe 4/4	5	1965	16 375	35	30	880	SLM/SIG/BB
Db	Bhe 1/2	1+2	1973	11 520	14	25	150	SLM/Gangloff/BBC

Dieselfahrzeuge

Die erst seit 1982 elektrisch betriebene MG hatte 1953 zur Ablösung des wenig wirtschaftlichen Dampfbetriebes zunächst die beiden Zahnradbahn-Diesellokomotiven Hm 2/3 1 und 2 in Dienst gestellt, bei deren Bau die Fahrgestelle alter Dampflokomotiven verwendet wurden. 1957 folgten dann die beiden Triebwagen Bhm 2/4 3 und 4 und 1967 schließlich die etwas kleineren Bhm 1/2 5 und 6. Von diesen einzigen Zahnrad-Dieseltriebwagen der Schweiz blieb der noch 1980 neu motorisierte Bhm 2/4 4 nach der Elektrifizierung als Reserve im Bestand, die anderen wurden außer Dienst gestellt.
Zu erwähnen ist noch der 1981 von der PB beschaffte Xhm 1/2 32, der eigentlich als dieselelektrischer Gütertriebwagen zu bezeichnen ist. Neben dem Transport von Gütern dient er hauptsächlich der im Frühsommer und im Herbst notwendigen Montage und Demontage der elektrischen Fahrleitung.

Dieselfahrzeuge – Zahnradbahnen

Bahn	Serie	Nr.	Jahr	LüP mm	t	km/h	kW	Herst.
MG	Hm 2/3	1+2	1953	5 900	12	12	275	SLM/MG/VM
	Bhm 2/4	4	1957	11 480	16	18	330	SIG/MAN/Saurer
PB	Xhm 1/2	32	1981	9 246	11	12	312	SLM/Stadler/BBC

Dampflokomotiven

Da die BRB als einzige Bahn der Schweiz Dampflokomotiven noch täglich fahrplanmäßig einsetzt, soll abweichend von den anderen Kapiteln auch hier in der Einleitung die Dampftraktion kurz erwähnt werden:

Von den ersten Zahnradbahn-Dampflokomotiven der Schweiz, den ab 1870 gebauten H 1/2 1 bis 6 der VRB (heute RB) ist keine erhalten geblieben. Konstruktiv eng mit ihnen verwandt ist jedoch die H 1/2 7, die aus einer zweiten Lieferserie von 1873 stammt, 1937 ausrangiert wurde und viele Jahre zu den Exponaten des VHS Luzern gehörte. Die Maschine mit dem charakteristischen Stehkessel, dem offenen Führerstand und der bergseitig angeordneten Gepäckplattform wurde zur 125-Jahr-Feier der VRB 1996 restauriert gemacht und für Jubiläumsfahrten eingesetzt. Mit den von der VRB ab 1923 in Dienst gestellten H 2/3 16 und 17 besitzt die RB zwei weitere Lokomotiven für Dampf-Sonderzüge.
Von den insgesamt elf Dampftriebwagen der PB war der Bhd 1/2 9 noch bis 1981 als Dienstfahrzeug im Einsatz, heute steht das originelle Fahrzeug mit dem quer zur Fahrtrichtung angeordneten Dampfkessel im VHS Luzern.
Die später einzeln dargestellten H 2/3 der BRB von 1891 zählen zu einer Bauart, die seinerzeit von vielen Bergbahnen beschafft worden ist. Die H 2/3 2 der MG ist sogar noch ein Jahr älter als die BRB-Loks, sie unterscheidet sich von diesen vor allem durch den offenen Führerstand und die bergseitig angeordnete Gepäckplattform. Sie ist 1956 ausrangiert und als Denkmal aufgestellt worden. 1981 wurde sie jedoch vom Sockel geholt und revidiert, um für Dampf-Sonderzüge zum Einsatz zu kommen. Als H 2/3 5 dient eine Lokomotive dieses Typs bei der SPB noch als fahrdrahtunabhängige Reserve und für Sonderfahrten. Die Beschriftung als BOB-Lokomotive verdeutlicht, daß die SPB schon seit 1895 eine Tochtergesellschaft der BOB ist.
Der gemeinsamen Bestellung von Neubau-Dampflokomotiven durch die BRB und die ÖBB hatte sich zur Vermarktung der allgemeinen Nostalgie-Welle auch die MTGN angeschlossen, die daher seit 1992 mit der H 2/3 1 für Sonderfahrten auch wieder über eine Dampflokomotive verfügt.

Dampflokomotiven – Zahnradbahnen

Bahn	Serie	Nr.	Jahr	LüP mm	t	km/h	Herst.	Anm.
RB (VRB)	H 1/2	7	1873	6 400	15	7,5	SLM	VHS
	H 2/3	16+17	1923	7 050	24	9	SLM	
MG	H 2/3	2	1890	5 490	14	9	SLM	
SPB	H 2/3	5	1894	6 050	17	9	SLM	
MTGN	H 2/3	1	1992	6 260	16	9	SLM	

He 2/2

He 2/2 8 der JB

Seit der Eröffnung ihrer ersten Teilstrecke Kleine Scheidegg–Eigergletscher im Jahre 1898 hat die JB zwölf Drehstromlokomotiven He 2/2 bzw. HGe 2/2 beschafft. Die älteste noch im Einsatz befindliche Maschine ist die He 2/2 6 aus dem Jahre 1904, sie wurde für Sonderfahrten als komplette Rowan-Garnitur mit zwei Vorstellwagen hervorragend restauriert. Im Zusammenhang mit der Umstellung der Stromversorgung von ursprünglich 650 V 40 Hz auf heute 1125 V 50 Hz und dem Umbau des zunächst kombinierten Adhäsions-/Zahnstangenabschnittes Eismeer–Jungfraujoch wurde die elektrische Ausrüstung der Lok mehrfach geändert, die Stundenleistung konnte dabei von 220 kW auf 324 kW verbessert werden.
Mit den He 2/2 8 bis 11 besitzt die JB noch weitere, sehr ähnliche Maschinen. Sie wurden 1912 und 1924 als HGe 2/2 für den kombinierten Betrieb in Dienst gestellt und 1950 zu reinen Zahnradlokomotiven umgebaut. Auch weitere Änderungen betrafen nur das »Innenleben«, während die Holzkästen wie bei der He 2/2 6 nahezu im Originalzustand erhalten blieben. Sie kommen für Güter- und für Dienstzüge zum Einsatz, die He 2/2 11 steht seit 1993 mit den beiden Wagen B 13 und B 17 als »Eiger-Ambassador-Express« für Sonderfahrten zur Verfügung.

Bahn	Serie	Nr.	Jahr	LüP mm	t	km/h	kW	Herst.
JB	He 2/2	6	1904	4 380	5	18	324	SLM/BBC
	He 2/2	8–10	1912	5 160	15	18	280	SLM/BBC
	He 2/2	11	1924	5 160	15	18	280	SLM/BBC

He 2/2 15 der WAB

He 2/2 12 der SPB

Zur Aufnahme des elektrischen Betriebes mit Gleichstrom 1500 V beschaffte die WAB 1909 zunächst die acht Lokomotiven He 2/2 51 bis 58, bis 1912 wurden fünf weitere, im wesentlichen identische Maschinen in Dienst gestellt. Im mechanischen Teil stellen sie eine Weiterentwicklung der He 2/2 der JB von 1898 dar, sie besitzen jedoch einen verblechten Kasten. Die zwei hochliegenden Motoren sind in Serie geschaltet und wirken in der üblichen Art bei Talfahrt als Widerstandsbremse. Die bullaugenartigen Maschinenraumfenster der ersten Lokomotiven wichen ab der Lok 59 größeren, eckigen Fenstern. 1926 und 1929 wurden mit den He 2/2 64 und 65 zwei weitere, etwas stärkere Maschinen beschafft. Durch die Triebwagen BDhe 4/4 sind die Loks bei der WAB schon lange aus dem Plandienst verdrängt worden. Soweit sie nicht an die SPB verkauft wurden, kommen sie nur noch für Güter- und für Dienstzüge sowie als Betriebsreserve zum Einsatz.

Ein letztes Dorado der kleinen Bergbahnlokomotiven ist die SPB. Sie wurde 1914 ebenfalls mit Gleichstrom 1500 V elektrifiziert und beschaffte damals zunächst die vier Maschinen He 2/2 11 bis 14. Konstruktiv sind sie bis auf kleinste Details identisch mit den He 2/2 der WAB. Im Vergleich mit den zuvor eingesetzten Dampflokomotiven H 1 bis 6 der SPB konnten sie nun zwei statt nur einen Vorstellwagen in nur 54 statt 74 Minuten zur Bergstation befördern. Als in den sechziger Jahren die Beförderungskapazitäten für den zunehmenden Touristenverkehr bei der nur im Sommer verkehrenden SPB knapp wurden, entschloß man sich nicht wie zuvor bei allen anderen Bahnen der Jungfrauregion zur Beschaffung von modernen Triebwagen, da von der WAB nach und nach sieben der dort überzähligen He 2/2 übernommen und ohne Umbauten eingesetzt werden konnten. Zwei Lokomotiven wechselten im Laufe der Jahre sogar mehrfach hin und her, darüberhinaus konnten regelmäßig während der Betriebspausen im Winter Lokomotiven zurück an die WAB verliehen werden, die sie bis zur Beschaffung der Doppeltriebwagen BDhe 4/8 für den Spitzenverkehr benötigte. Auch für die nähere Zukunft ist ein Ersatz der He 2/2 durch neue Fahrzeuge nicht geplant, so kann die SPB in puncto Nostalgie der nicht weit entfernten Dampfbahn BRB fast Konkurrenz machen.

Bahn	Serie	Nr.	Jahr	LüP mm	t	km/h	kW	Herst.	Anm.
WAB	He 2/2	51-54	1909	5 740	16	11	220	SLM/Alioth	
		15	1909	5 740	16	11	220	SLM/Alioth	1)
		63	1912	5 740	16	11	220	SLM/Alioth	
	He 2/2	64	1926	5 740	17	11	236	SLM/BBC	
		65	1929	5 740	17	11	236	SLM/MFO	
SPB	He 2/2	11-14	1914	5 740	16	12	220	SLM/BBC	
	He 2/2	16-18	1910	5 740	16	12	220	SLM/Alioth	2)
		19+20	1911	5 740	16	12	220	SLM/Alioth	3)
		61+62	1912	5 740	16	12	220	SLM/Alioth	4)

1) urspr. WAB 55, ab 1963 SPB 15, 1992 zurück an WAB
2) urspr. WAB 56–58, seit 1963 SPB
3) urspr. WAB 59+60, seit 1963 bzw. 1970 SPB
4) 61 urspr. WAB 61, ab 1970 SPB 21, 1982 zurück an WAB als 61, 1992 erneut an SPB, 62 urspr. WAB 62, seit 1991 SPB

He 2/2 31 und 32 WAB

He 2/2 32 der WAB

Der WAB obliegt auch die Versorgung des autofreien Ortes Wengen, sie hat daher einen nicht unbeträchtlichen Güterverkehr zu bewältigen. Da die alten und langsamen He 2/2 sich hierbei zunehmend als Störfaktoren für einen reibungslosen Betrieb erwiesen, beschaffte die WAB 1995 die zwei neuen Güterzuglokomotiven He 2/2 31 und 32. Während man sich bei den Achsantrieben an den BDhe 4/8 von 1988 orientieren konnte, waren das Untergestell und der Aufbau neu zu konstruieren. Bei der elektrischen Ausrüstung kam erstmals für eine Zahnradbahn die Umrichter-Technik mit Drehstrom-Asynchronmotoren zur Anwendung, da so wesentliche Bauelemente von den Lokomotiven Ge 4/4 der MOB übernommen werden konnten. Auf dem Dach des geräumigen und großzügig verglasten Endführerstandes sind vor dem Pantographen die Widerstandsgruppen angeordnet. Die blau lackierten und durch den glattflächigen, kastenförmigen Vorbau gefällig wirkenden Maschinen besitzen eine Rekuperationsbremse. Um gemeinsam auch schwere, vierachsige Güterwagen befördern zu können, wurden sie mit einer Vielfachsteuerung ausgerüstet und besitzen für den Rangierbetrieb auch eine moderne Funkfernsteuerung.

Bahn	Serie	Nr.	Jahr	LüP mm	t	km/h	kW	Herst.
WAB	He 2/2	31+32	1995	5 820	16	22	460	Stadler/SLM/ABB

Hm 2/2 11 der BRB

Zur Entlastung ihrer recht betagten und für das zunehmende Verkehrsaufkommen nicht mehr ausreichenden Dampflokomotiven stellte die BRB 1973 als ihre erste Diesellokomotive die Hm 2/2 8 in Dienst. Bei der Konstruktion machte man sich die Erfahrungen der MG mit deren weitgehend im Eigenbau entstandenen Hm 2/3 zunutze. Um die bei der Talfahrt notwendige Bremsleistung nicht nur mechanisch, also mit großem Verschleiß, erbringen zu können, erhielt die Lok einen hydrostatischen Antrieb, bei dem vom Dieselmotor über zwei Axialkolbenpumpen die beiden parallel geschalteten Hydraulikmotoren gespeist werden. Gegenüber den 9 km/h der Dampflokomotiven konnte die Höchstgeschwindigkeit auf 14 km/h angehoben werden. Nach der Beseitigung einiger Kinderkrankheiten beschaffte man 1975 die beiden Hm 2/2 9 und 10, die auch einen hydrostatischen Antrieb besitzen, sich jedoch konstruktiv wie auch im Kastenaufbau in einigen Punkten unterscheiden. Eine weitere, im wesentlichen baugleiche Lok 11 wurde 1987 in Dienst gestellt. Die zuerst gebaute Hm 2/2 8 wurde zuletzt nur noch im Bau- und Unterhaltsdienst benötigt und ist inzwischen an die MTGN verkauft worden, wo sie die neue Nummer 4 erhalten hat.

Bahn	Serie	Nr.	Jahr	LüP mm	t	km/h	kW	Herst.
BRB	Hm 2/2	9+10	1975	5 620	13,5	14	485	Steck/MTU/Bibus
		11	1987	5 620	13,5	14	485	Steck/MTU/Bibus
MTGN	Hm 2/2	4	1973	5 800	12,3	14	415	Reg/Bühler/Caterpillar/ Pleiger/MG

H 2/3 1 bis 5 BRB

H 2/3 2 der BRB

Die BRB ist die einzige Bahn der Schweiz, bei der – allerdings nur während der auf die Sommermonate beschränkten Betriebszeit – Dampfzüge noch zum fahrplanmäßigen Alltag gehören. Ihre ältesten Dampflokomotiven H 2/3 1 bis 5 stammen noch aus der Eröffnungszeit der BRB, die heutigen BRB-Loks 1 und 5 taten allerdings ihre Dienste ursprünglich bei der MG bzw. der WAB. Charakteristisch für diese Bergbahnlokomotiven ist der zum Ausgleich des Wasserstandes auf den Steilstrecken um 12 % nach vorne geneigte Kessel. Die Antriebzylinder sind neben dem Kessel plaziert, daraus ergibt sich zusammen mit den senkrechten Übertragungshebeln eine kompakte Baulänge. Die Tragachsen mit den Triebzahnrädern sind in einem Außenrahmen gelagert, eine zusätzliche Bisselachse ist unter dem Führerhaus angeordnet. Ab 1935 wurden die Loks 2 bis 5 von der ursprünglichen Naßdampf-Ausführung auf Heißdampf umgebaut, dabei konnte eine beachtliche Leistungssteigerung erreicht werden. 1990 sind die Lokomotiven 1, 2, 3 und 5 zur Vereinfachung des Betriebesablaufes für Schüttkohlenfeuerung umgerüstet worden, die Lok 4 soll allerdings in der ursprünglichen Ausführung mit Brikettfeuerung erhalten bleiben.

Bahn	Serie	Nr.	Jahr	LüP mm	t	km/h	kW	Herst.	Anm.
BRB	H 2/3	1–5	1891	6 200	17	8	170	SLM	*)

*) Lok 1 urspr. GN, 1941 an MG, 1961 an BRB; Lok 5 urspr. WAB, 1911 an BRB

H 2/3 6 der BRB

Die von 1914 bis 1931 stillgelegte BRB mußte nach der Wiedereröffnung schon bald ihren Fahrzeugpark ergänzen. Da eine völlige Neukonstruktion aus Kostengründen ausschied, entstand die 1933 beschaffte H 2/3 6 auf der Basis deutscher Meterspur-Zahnradlokomotiven und der für die normalspurige VRB 1925 zuletzt gebauten Heißdampfloks H 2/3. Eine weitere, baugleiche Lok 7 wurde 1936 in Dienst gestellt. Von den Lokomotiven der ersten Generation unterscheiden sich die Loks 6 und 7 auf den ersten Blick durch den deutlich höher liegenden Kessel, die völlig frei liegende Steuerung und die Vorgelegewelle mit Zahnraduntersetzung. Die von 230 auf 300 PS verbesserte Leistung erlaubte nun den Einsatz von zwei statt bisher nur einem Vorstellwagen. Langfristig zeigten sich vor allem beim Rahmen konstruktive Mängel, die 1971/72 eine umfassende Sanierung nötig machten. Auch die H 2/3 6 und 7 sind für Schüttkohlenfeuerung umgebaut worden.

Bahn	Serie	Nr.	Jahr	LüP mm	t	km/h	kW	Herst.
BRB	H 2/3	6+7	1933	6 400	19	8	222	SLM

H 2/3 12, 14 und 15

H 2/3 12 der BRB

Die 1992 in Dienst gestellte H 2/3 12 gehörte zu den Prototypen einer Neuentwicklung, die auf Initiative der BRB und der ÖBB entstanden ist. Zwei weitere Maschinen 14 und 15 wurden 1996 geliefert. Zwar handelt es sich grundsätzlich um klassische Dampflokomotiven, die jedoch gegenüber den Vorgängern unter Nutzung moderner Technologien zahlreiche Neuerungen aufweisen: Die Öl- statt der klassischen Kohlefeuerung ist nicht nur sauberer und einfacher zu handhaben, sondern ermöglicht auch den Verzicht auf den Heizer, also einen personalsparenden Einmannbetrieb. Durch eine stark wirksame Vollisolierung des Kessels können die Maschinen auch über Nacht unter Druck bleiben, sind also ohne lange Anheizzeiten betriebsbereit. Zudem können sie mit einem elektrischen Vorheizgerät unbeaufsichtigt auf Betriebstemperatur gebracht werden. Durch konsequenten Leichtbau der integralen Schweißkonstruktion konnte die Eigenmasse niedrig gehalten werden. Wie die BRB-Diesellokomotiven können auch die neuen H 2/3 im Zweistundentakt eingesetzt werden und zwei der großen Panorama-Wagen befördern. Dampflok-Enthusiasten werden sowohl Rauchfahnen wie einen charakteristischen Auspuffschlag vermissen, aber auch der glattwandige und weitgehend armaturenfreie Kessel signalisiert, daß es sich bei den neuen H 2/3 nicht um nostalgisch-kitschige Spielzeuge handelt.

Bahn	Serie	Nr.	Jahr	LüP mm	t	km/h	kW	Herst.
BRB	H 2/3	12	1992	6 260	16	8	SLM	
		14+15	1996	6 260	16	8	SLM	

Bhe 2/4 3017 der GGB

Ab 1947 beschaffte die GGB in mehreren Teilserien ihre ersten Triebwagen Bhe 2/4, da die lokbespannten Züge mit den kleinen He 2/2 den steigenden Anforderungen nicht mehr genügen konnten. Die leichten, mit einem Längsmotor je Drehgstell ausgestatteten Fahrzeuge erreichen eine Stundenleistung von 190 kW und sind damit für den Soloeinsatz ausreichend motorisiert. Nach den betrieblichen Gepflogenheiten der GGB wie auch anderer Bergbahnen werden je nach Verkehrsbedarf mehrere Triebwagen im Sichtabstand hintereinander eingesetzt. Da die GGB auf allen Stationen entsprechende Bahnsteiganlagen besitzt, weisen die Triebwagen nur auf der bei der Bergfahrt rechten Seite Einstiegstüren auf, zum rascheren Fahrgastwechsel haben sie außer den Türen an den Endplattformen noch zusätzliche Mitteleinstiege.

Bahn	Serie	Nr.	Jahr	LüP mm	t	km/h	kW	Herst.
GGB	Bhe 2/4	3011+3012	1947	15 100	18	15	190	SLM/BBC
		3013+3014	1952	15 100	18	15	190	SLM/BBC
		3015+3016	1954	15 100	18	15	190	SLM/BBC
		3017+3018	1958	15 100	18	15	190	SLM/BBC
		3019–3022	1959	15 100	18	15	190	SLM/BBC

BDhe 2/4 JB

BDhe 2/4 207 der JB

Da die zunehmenden Beförderungszahlen in den fünfziger Jahren eine Ergänzung des Rollmaterials notwendig machten, entschloß sich auch die JB zur Umstellung von lokbespannten Zügen auf Triebwagen. Den beiden 1955 zunächst gelieferten CFhe 2/4 201 und 202 mit passenden Vorstellwagen folgten bis 1964 weitere acht Einheiten. Für die 1960 erfolgte Anpassung der Drehstromfrequenz von 40 Hz auf 50 Hz, die einen Energieaustausch mit der öffentlichen Stromversorgung ermöglichte, waren die neuen Triebwagen bereits vorbereitet. 1964 erlebten sie eine weitere Änderung, als die Fahrdrahtspannung von 650 auf 1125 V angehoben wurde. Im Gegensatz zu den Triebwagen Bhe 2/4 der GGB ist der Antrieb mit nur einem Motor auf das talseitige Drehgestell beschränkt, während das bergseitige zugunsten eines tiefliegenden Wagenbodens wesentlich kleinere Laufräder erhielt.

Bahn	Serie	Nr.	Jahr	LüP mm	t	km/h	kW	Herst.
JB	BDhe 2/4	201–202	1955	14 790	24	24	440	SLM/BBC
		203–206	1960	14 790	24	24	440	SLM/BBC
		207–210	1964	14 790	24	24	440	SLM/BBC

Bhe 4/8 und Bhe 4/4

Bhe 4/8 3041 der GGB [Foto: E. Romanowski]

Bei den von der GGB ab 1965 beschafften Doppeltriebwagen Bhe 4/8 handelt es sich im Prinzip um jeweils zwei fest verkuppelte Bhe 2/4, die mit den ersten Triebwagen von 1947 im mechanischen Teil wie auch in der elektrischen Ausrüstung eng verwandt sind, an den einander zugewandten Fahrzeugenden jedoch statt der zweiten Führerstände geschlossene Übergänge erhielten. Die Wagenkästen wurden mit leicht abgeschrägten Stirnfronten etwas schnittiger gestaltet, automtische Türen und eine moderne Inneneinrichtung sind weitere Unterschiede zu den Vorgängern.
Eine Weiterentwicklung dieser Triebwagen sind die Bhe 4/4 3061 und 3062 von 1981, bei denen die gesamte Antriebsleistung eines Doppeltriebwagens auf ein Fahrzeug vereint wurde, um nicht nur weitere Personen-Triebwagen sondern auch zugkräftige Maschinen für den Güterverkehr zu erhalten. Zu den mit Vielfachsteuerung ausgerüsteten Triebwagen wurden auch im Wagenkasten gleichartige Steuerwagen Bt beschafft.

Bahn	Serie	Nr.	Jahr	LüP mm	t	km/h	kW	Herst.
GGB	Bhe 4/8	3041–3042	1965	30 500	36	15	380	SLM/BBC
		3043+3044	1974	30 500	36	15	380	SLM/BBC
	Bhe 4/4	3061+3062	1981	14 500	27	15	380	SLM/BBC

BDhe 4/8 und **Bhe 4/8** JB, GGB

BDhe 4/8 211 der JB

BDhe 4/8 3053 der GGB

Prinzipiell stellen die von der JB 1992 beschafften Doppeltriebwagen BDhe 4/8 211 bis 214 eine Drehstrom-Variante der BDhe 4/8 der WAB von 1988 dar. Das größere Lichtraumprofil, die Spurweite von 1000 statt 800 mm sowie verschiedene betriebliche Bedürfnisse ergaben allerdings eine Reihe von Bauart-Unterschieden, durch die die enge Verwandtschaft auf den ersten Blick nicht deutlich wird. Bei der elektrischen Ausrüstung entschied man sich für anschnittgesteuerte Dreiphasen-Stromrichter und Mischstrommotoren. Beim Fahrbetrieb werden je zwei Motoren in Serie geschaltet, beim Bremsbetrieb alle vier in Reihe. Der Antrieb ist mit Az1-Drehgestellen über die ganze Fahrzeuglänge verteilt, dies sorgt für eine gleichmäßige Belastung der Zahnstange und erleichtert die Doppeltraktion zur Bildung von vierteiligen Einheiten. Auch die komfortable Luftfederung der Drehgestelle unterscheidet die Triebwagen der JB von denen der WAB. Beim Grundriß der in Stahl-Leichtbauweise ausgeführten Wagenkästen konnte auf die übergroßen Einstiegsräume für den Ski-Transport verzichtet werden. Die bündigen Außenschwingtüren decken auch die doppelten Einstiegsstufen mit ab.
Die GGB hat sich mit den vier 1993 fertiggestellten Doppeltriebwagen Bhe 4/8 3051 bis 3054 rechtzeitig dem Bau der Triebwagen für die JB anschließen können, damit verkehren auf diesen beiden einzigen Drehstrombahnen der Schweiz erstmals konstruktiv ähnliche Fahrzeuge. Die Verwandtschaft betrifft allerdings im wesentlichen die Untergestelle, die Antriebe und die elektrische Ausrüstung, während die Wagenkästen einige Unterschiede aufweisen. Der Fortfall des Gepäckabteils ergibt einen anderen Grundriß mit ebenfalls veränderter Einstiegs-Anordnung etwa in den Drittelspunkten. Der Tradition der GGB-Fahrzeuge entsprechend haben auch die neuen Doppeltriebwagen Einstiege nur auf der bei Bergfahrt rechten Seite.
Auch die Farbgebung unterscheidet die Bhe 4/8 der GGB von den BDhe 4/8 der JB, mehr noch aber der wohltuende Verzicht auf die »Wellblech«-Wände mit den Längssicken zugunsten von erstmals bei modernen Zahnradbahn-Fahrzeugen wieder glatten Seitenwänden.

Bahn	Serie	Nr.	Jahr	LüP mm	t	km/h	kW	Herst.
JB	BDhe 4/8	211–214	1992	31 350	45	27	804	SLM/ABB
GGB	Bhe 4/8	3051–3054	1993	32 210	49	28	804	SLM/ABB

Bhe 1/2 PB

Bhe 1/2 21 der PB)

Mit einer maximalen Streckenneigung von 480 ‰ ist die 1889 eröffnete PB nicht nur die steilste Zahnradbahn der Welt. Auch die Fahrzeuge unterscheiden sich deutlich von denen anderer Bergbahnen, denn ihr »schräger« Wagenkasten mit den zueinander höhenversetzt angeordneten Abteilen erinnert eher an die Wagen einer Drahtseilbahn als an Eisenbahnfahrzeuge. Der Neigungswinkel der Fahrzeuge liegt bei etwa 20° und ist damit der starken Streckenneigung angepaßt. Anläßlich der 1937 erfolgten Umstellung von Dampfbetrieb auf Gleichstrom 1550 V beschaffte die PB zunächst die acht Triebwagen Bhe 1/2 21 bis 28, die nur als Solofahrzeuge verkehren und dazu mit 154 kW ausreichend motorisiert sind. Mit der Höchstgeschwindigkeit von 12 km/h bei Berg- und 9 km/h bei Talfahrt konnte die Fahrzeit gegenüber dem Dampfbetrieb mehr als halbiert werden. 1954 wurde der im mechanischen und im elektrischen Teil baugleiche offene Gütertriebwagen Ohe 1/2 31 beschafft, der seit 1962 durch einen Wechselaufbau zum Personentriebwagen Bhe 1/2 29 umgerüstet werden kann. Der 1968 als Einzelstück gebaute Bhe 1/2 30 unterscheidet sich von den älteren Triebwagen durch die etwas geneigten Stirnfronten, die größere LüP und die geringfügig stärkere Motorisierung.

Bahn	Serie	Nr.	Jahr	LüP mm	t	km/h	kW	Herst.
PB	Bhe 1/2	21–28	1937	11 108	10	12	154	SLM/MFO
	Ohe 1/2	31 (Bhe 1/2 29)	1954	10 760	8	12	154	SLM/MFO
	Bhe1/2	30	1968	11 350	11	12	175	SLM/MFO

Bhe 2/4

Bhe 2/4 2 der RB (VRB)

Die ehemalige VRB (heute RB) ist als erste Zahnradbahn Europas bereits 1871 eröffnet worden, elektrifiziert wurde sie jedoch erst 1937. Zur Aufnahme des elektrischen Betriebes mit Gleichstrom 1500 V beschaffte sie die drei Triebwagen Bhe 2/4 1 bis 3, denen 1953 als weitgehend unveränderter Nachbau der Bhe 2/4 4 folgte. Durch konsequente Leichtbauweise konnte die Masse des Stahlkastens niedrig gehalten werden. Durch einen Direkt-Nockenkontroller wird der Fahrstrom den beiden in Serie geschalteten Tatzlagermotoren zugeführt. Sie sind zusammen mit der Bremsausrüstung im bergseitigen Drehgestell angeordnet, talseitig haben die Bhe 2/4 ein leichtes Laufgestell. Von ruhigen Zeiten außerhalb des Saisonbetriebes abgesehen, kommen die Triebwagen mit leichten Vorstellwagen zum Einsatz.

Bahn	Serie	Nr.	Jahr	LüP mm	t	km/h	kW	Herst.
RB	Bhe 2/4	1–3	1937	15 400	17	18	330	SLM/BBC
		4	1953	15 400	17	18	330	SLM/BBC

Bhe 2/4 MTGN

Bhe 2/4 205 der MTGN

Anläßlich ihrer Elektrifizierung mit Gleichstrom 850 V beschaffte die GN (heute MTGN) 1938 die fünf Triebwagen Bhe 2/4 201 bis 205. Der extreme Leichtbau setzte damals neue Maßstäbe bei der Konstruktion von Ganzmetall-Wagenkästen. Auch das äußere Erscheinungsbild mit den ungeteilten Frontfenstern und der großflächigen Seitenverglasung läßt die Fahrzeuge wesentlich moderner erscheinen als wenig ältere in traditioneller Mischbauweise. Die beiden jeweils einmotorigen Drehgestelle weisen eine talseitige, das Zahnrad tragende Triebachse mit einem Laufraddurchmesser von 764 mm und eine bergseitige Laufachse auf, deren Räder jedoch nur einen Durchmesser von 573 mm besitzen. 1947 stellte die erst seit 1992 mit der GN zur heutigen MTGN vereinigte MGI einen weiteren, baugleichen Triebwagen 206 in Dienst und die GN schaffte 1949 und 1966 nochmals je ein weiteres Fahrzeug an. Für den Solobetrieb konzipiert, kommen sie meist mit leichten, flachen Vorstellwagen für den Gepäck- oder Skitransport zum Einsatz.

Bahn	Serie	Nr.	Jahr	LüP mm	t	km/h	kW	Herst.
MTGN	Bhe 2/4	201–205	1938	1938	16	18	150	SLM/BBC
		206	1947	1947	16	18	150	SLM/BBC
		207	1949	1949	16	18	150	SLM/BBC
		208	1966	1966	16	18	150	SLM/BBC

BDhe 4/4 110 der WAB

1947 begann mit der Beschaffung der ersten drei BDhe 4/4 101 bis 103 bei der seit 1909 elektrisch betriebenen WAB die Umstellung vom Betrieb mit lokbespannten Zügen zum Triebwagen-Einsatz. Von den anfangs noch als BCFhe 4/4 bezeichneten Fahrzeugen wurden in den Folgejahren sechzehn weitere beschafft, es handelt sich damit um die mit Abstand größte Triebfahrzeug-Serie einer Schweizer Zahnradbahn. Die in den Drehgestellen in Längsrichtung installierten und parallel geschalteten Motoren treiben über Kardanwellen die Triebzahnräder an. Durch die Höchstgeschwindigkeit von 25 km/h konnte der Betrieb auf der WAB wesentlich beschleunigt werden. Mit den ab 1963 gelieferten Triebwagen 112 bis 118 wurde der Pendelzugbetrieb mit ebenfalls neu beschafften Bt4-Steuerwagen eingeführt, die älteren Triebwagen sind bis 1967 entsprechend umgebaut worden, nachträglich haben alle BDhe 4/4 eine Rekuperationsbremse erhalten.

Bahn	Serie	Nr.	Jahr	LüP mm	t	km/h	kW	Herst.
WAB	BDhe 4/4 I	101–103	1947	15 170	24	25	440	SLM/BBC
		104+105	1951	15 170	24	25	440	SLM/BBC
		106+107	1954	15 170	24	25	440	SLM/BBC
		108+109	1958	15 170	24	25	440	SLM/BBC
		110+111	1960	15 170	24	25	440	SLM/BBC
		112–118	1963	15 170	24	25	440	SLM/BBC

BDhe 2/4 RB

BDhe 2/4 11 der RB (ARB)

Um den gestiegenen Verkehrsbedürfnissen gerecht zu werden und zur Entlastung ihrer Triebwagen aus dem Elektrifizierungs-Jahr 1907 und die beiden in den Jahren 1911 und 1925 beschafften Einzelstücke stellte die damalige ARB (heute RB) 1949 zunächst die beiden neu entwickelten BDhe 2/4 11 und 12 in Dienst, denen 1954 und 1967 je ein weiterer, nahezu baugleicher Triebwagen folgte. Zwar weisen sie einen gleich großen und auch sonst recht ähnlichen Wagenkasten wie die Bhe 2/4 der damals mit der ARB noch konkurrierenden VRB von 1937 auf, sie besitzen jedoch eine völlig andere elektrische Ausrüstung. Beide Drehgestelle weisen jeweils einen Fahrmotor auf, die Stundenleistung liegt mit 480 kW deutlich über den Triebwagen der VRB. Seit 1958 können die BDhe 2/4 mit den vorgestellten Bt-Steuerwagen als Pendelzüge eingesetzt werden, dadurch wird der früher bei den einfachen Vorstellwagen nötige Streckenbeobachter bei der Bergfahrt überflüssig.

Bahn	Serie	Nr.	Jahr	LüP mm	t	km/h	kW	Herst.
RB	BDhe 2/4	11+12	1949	15 400	27	21	480	SLM/SAAS
		13	1954	15 400	27	21	480	SLM/SAAS
		14	1967	15 400	27	21	480	SLM/SAAS

BDhe 4/4 II

BDhe 4/4 121 der WAB

Vor allem der ständig zunehmende Wintersportbetrieb im Gebiet der Kleinen Scheidegg machte Ende der sechziger Jahre bei der WAB die Beschaffung weiterer Triebfahrzeuge nötig. Ein nochmals unveränderter Nachbau der von 1947 bis 1964 gelieferten Serie BDhe 4/4 I schien nun jedoch nicht mehr sinnvoll. So weisen denn die 1970 in Dienst gestellten Triebwagen 119 bis 124, ursprünglich als ABDhe 4/4 bezeichnet und mit der Abschaffung der ersten Wagenklasse 1982 in BDhe 4/4 umgezeichnet, bei gleich starker Motorisierung wie die Vorgänger-Bauart einen neu konstruierten Wagenkasten auf, der nun von der SIG gebaut wurde. Der bewährte Grundriß blieb allerdings im wesentlichen unverändert, die um 1,29 m vergößerte LüP kommt vor allem dem Einstiegsraum, aber auch dem Führerstand zugute. Äußerlich sind die BDhe 4/4 II von den älteren Triebwagen schon alleine durch die größeren Frontscheiben und die automatischen Falttüren sowie durch die Einholm-Stromabnehmer zu unterscheiden. Sie weisen nur talseitig einen Führerstand auf, da sie üblicherweise nicht solo, sondern mit einem oder zwei vorgestellten Steuerwagen verkehren. Eine Unterscheidung der Triebwagen-Serien mit den Index-Ziffern ist zwar bei der WAB nicht üblich, sie wurde hier jedoch, wie auch andernorts in der Literatur, zur leichteren Unterscheidung eingeführt.

Bahn	Serie	Nr.	Jahr	LüP mm	t	km/h	kW	Herst.
WAB	BDhe 4/4 II	119–124	1970	16 460	26	25	440	SIG/SLM/SAAS/BBC

Bhe 4/4 15 der RB (ARB)

Bhe 4/4 21 der RB (VRB)

Die damalige ARB (heute RB) benötigte zu Beginn der achtziger Jahre als Ergänzung für ihre BDhe 2/4 einen weiteren Triebwagen. Ein nochmaliger Nachbau der Konstruktion aus dem Jahre 1949 schied aus, außerdem sollte das neue Fahrzeug in der Lage sein, wegen der damals schon geplanten Fusion mit der VRB auch auf deren Strecke mit einer Maximalneigung bis zu 250 ‰ verkehren zu können (ARB max. 200 ‰). Der 1982 gelieferte Bhe 4/4 15 stellt daher im mechanischen und im elektrischen Teil eine Weiterentwicklung des für die VRB 1965 als Einzelstück gebauten BDhe 4/4 5 dar, die Drehgestelle sind in Teilen mit denen der ebenfalls ab 1982 gebauten Bhe 4/8 der MG und der MTGN verwandt. Der Wagenkasten wurde im aktuellen Sicken-Design der SLM-Fahrzeuge neu gestaltet. Die vier Fahrmotoren mit herkömmlicher Schützensteuerung erbringen zusammen eine Stundenleistung von 824 kW. Die Höchstgeschwindigkeit von 30 km/h kann allerdings im planmäßigen Einsatz zusammen mit den älteren Triebwagen kaum voll ausgenutzt werden. Gleichzeitig wurde ein im Wagenkasten konstruktiv gleicher Bt-Steuerwagen geliefert. Dessen im Winter als Eiskratzer dienender Einholm-Stromabnehmer läßt den Pendelzug auf den ersten Blick fast wie einen Doppeltriebwagen erscheinen. Um auch als Solofahrzeug einsetzbar zu sein, wurde auf den bergseitigen Führerstand nicht verzichtet. Nur auf dieser Seite besitzt der Triebwagen einen Stirnwandübergang sowie eine automatische Kupplung, entsprechend ist der Steuerwagen ausgestattet.
Die benachbarte VRB stellte 1986 mit den beiden Triebwagen Bhe 4/4 21 und 22 sowie entsprechenden Steuerwagen im Prinzip identische Fahrzeuge in Dienst und konnte dadurch auch den personalsparenden Pendelzugbetrieb aufnehmen. Von den weiß/blau lackierten und mit einem originellen Rastermuster versehenen ARB-Fahrzeugen, die dieses Design inzwischen auch für ihre älteren Trieb- und Steuerwagen übernommen hat, unterscheiden sich die Pendelzüge der VRB durch eine elegante Lackierung im klassischen Rot mit dunkelrotem Fensterband und hellrosa Trennstreifen.

Bahn	Serie	Nr.	Jahr	LüP mm	t	km/h	kW	Herst.	Anm
RB	Bhe 4/4	15	1982	16 508	31	30	824	SLM/BBC	ARB
	Bhe 4/4	21+22	1986	16 508	31	30	824	SLM/BBC	VRB

Bhe 4/8 11 der MG

Bhe 4/8 304 der MTGN

Die im südlichen Tessin gelegene MG wurde zwar schon 1890 eröffnet und zählt damit zu den ältesten Zahnradbahnen der Schweiz, wirtschaftlich war ihr aber nie ein allzu großer Erfolg beschieden und so konnte sie auch erst 1982 im Rahmen einer dringend notwendigen Totalsanierung als letzte Bahn der Schweiz elektrifiziert werden. Die vier hierzu beschafften Doppeltriebwagen für den Gleichstrombetrieb unter 650 V Bhe 4/8 sind eine attraktive Neuentwicklung, die später in mehreren Varianten auch für ausländische Bahnen gebaut wurde. Die vier Drehgestelle sind weitgehend identisch, sie besitzen jeweils eine talseitige Achse mit dem Triebzahnrad und eine bergseitige Laufachse mit kleinerem Raddurchmesser, der Drehzapfen ist in Längsrichtung asymetrisch angeordnet. Die Stundenleistung von 800 kW verleiht den Doppeltriebwagen eine Zugkraft von 150 kN und erlaubt eine Höchstgeschwindigkeit von 21 km/h. Die Wagenkästen der betrieblich nicht trennbaren Einheiten weisen am Übergangsende keine Zwischentüren auf, sondern sind durch einen festen Gummiwulst verbunden, der den Eindruck eines einzigen großen Fahrgastraumes entstehen läßt. Die Lackierung in blau und orange erinnert an die Hausfarben der Migros, deren Gründer Gottlieb Duttweiler die MG 1941 vor dem Ruin gerettet hatte.
Drei gleichartige Doppeltriebwagen Bhe 4/8 301 bis 303 erhielt 1983 die GN (heute MTGN), die sich noch rechtzeitig an die Bestellung der MG anhängen konnte. 1991 wurde der Bhe 4/8 304 nachgeliefert, der sich von seinen Vorgängern durch die nun installierte Vielfachsteuerung und eine automatische Kupplung unterschied. Für den geplanten Einsatz in Doppeltraktion wurde zunächst der Triebwagen 303 ebenso nachgerüstet, inzwischen sind auch die beiden anderen Bhe 4/8 angepaßt worden. Die ursprünglich in den Traditionsfarben hellblau und weiß lackierten Triebwagen tragen ab dem nachgelieferten Doppeltriebwagen ein elegantes Livree in den am MOB-Panoramic-Express orientierten Farben dunkelblau und creme.

Bahn	Serie	Nr.	Jahr	LüP mm	t	km/h	kW	Herst.
MG	Bhe 4/8	11–14	1982	23 855	34	21	800	SLM/Siemens
MTGN	Bhe 4/8	301–303	1983	23 855	34	21	800	SLM/Siemens
	Bhe 4/8	304	1991	23 855	34	21	800	SLM/Siemens

BDhe 4/8 WAB

BDhe 4/8 134 der WAB

Seit 1988 ergänzen vier moderne Doppeltriebwagen BDhe 4/8 131 bis 134 den Fahrzeugpark der WAB. Wie bei den zuvor beschriebenen Bhe 4/8 der MG und der MTGN wird die Antriebskraft über die ganze Zuglänge verteilt. In den teilweise ähnlichen Az1-Drehgestellen ist der Tatzlager-Motor quer angeordnet und treibt das auf der talseitigen Achse angebrachte Zahnrad, der Durchmesser der talseitigen und der bergseitigen Räder ist allerdings bei den WAB-Triebwagen gleich. Die Stundenleistung von 804 kW ermöglicht eine Anfahrzugkraft von 216 kN. Durch die Ausrüstung mit Vielfachsteuerung können sie in Doppeltraktion verkehren und auf der Lauterbrunner Seite der WAB-Strecke zusätzlich noch einen ebenfalls neuen Bt-Steuerwagen mitführen. Dies ergibt für Bergbahnen recht imposante Zuglängen von fast 80 Metern, die im Einmannbetrieb geführt werden. Durch automatische Kupplungen können die Zugkompositionen leicht den wechselnden Bedürfnissen angepaßt werden. Die großzügig dimensionierten Einstiegsräume in Wagenmitte bieten im Winter viel Platz für Ski-Ausrüstungen, die bei den alten Triebwagen in kleinen Vorstellwagen transportiert werden müssen. Neu ist schließlich auch das Farbdesign, für das man die traditionellen WAB-Farben dunkelgrün und beige durch ein helleres grün und ein intensives gelb ersetzt hat.

Bahn	Serie	Nr.	Jahr	LüP mm	t	km/h	kW	Herst.
WAB	BDhe 4/8	131–134	1988	31 160	43	28	804	SLM/ABB

Abkürzungen

Initialen fusionierter oder stillgelegter Bahnen der Schweiz

AG	Altstätten-Gais (⇒AB)
ARB	Arth-Rigi-Bahn (⇒RB)
AS	Aarau-Schöftland-Bahn (⇒WSB)
BB	Berninabahn (⇒RhB)
BGV	Bex-Gryon-Villars (⇒BVB)
BM	Bellinzona-Mesocco (⇒RhB)
BrMB	Brunnen-Morschach-Bahn (†1969)
BTB	Burgdorf-Thun-Bahn (⇒EBT)
BZUe	Bahngesellschaft Zürich-Uetliberg (⇒SZU)
CEG	Chemins de fer électriques de la Gruyére (⇒GFM)
ChA	Chur-Arosa-Bahn (⇒RhB)
CP	Châtel-Palézieux (⇒GFM)
EB	Emmenthalbahn (⇒EBT)
ESB	Elektrische Schmalspurbahn Solothurn-Bern (⇒RBS)
FRT	Ferrovie regionali ticinesi (⇒FART)
GN	Glion–Rochers-de-Naye (⇒MTGN)
JBL	Jura-Bern-Luzern (⇒SBB)
LJB	Langenthal-Jura-Bahn (⇒RVO)
LMB	Langenthal-Melchnau-Bahn (⇒RVO)
LPB	Locarno-Pontebrolla-Bignasco (†1965)
MGl	Montreux-Glion (⇒MTGN)
NOB	Schweizerische Nordostbahn (⇒SBB)
OJB	Oberaargau-Jura-Bahnen (⇒RVO)
SchB	Schöllenenbahn (⇒FO)
SG	Sissach-Gelterkinden (†1916)
SGA	St.Gallen-Gais-Appenzell-Altstätten-Bahn (⇒AB)
SiTB	Sihltalbahn (⇒SZU)
StEB	Stansstad-Engelberg-Bahn (⇒LSE)
SThB	Seethalbahn (⇒SBB)
SZB	Solothurn-Zollikofen-Bern-Bahn (⇒RBS)
TEL	Tranvie elettriche di Lugano (†1959)
VBW	Vereinigte Bern-Worb-Bahnen (⇒RBS)
VMC	Vevey-Montreux-Chillon (†1958)

VRB	Vitznau-Rigi-Bahn (⇒RB)
WT	Worblentalbahn (⇒RBS)
WTB	Wynentalbahn (⇒WSB)

Sonstige Abkürzungen

ABB	ASEA Brown Boveri, Zürich
ACMV	Ateliers de constructions mécaniques, Vevey
ADtranz	ABB Daimler-Benz Transportation AG
AEG	Allgemeine Electrizitäts-Gesellschaft, Berlin
Alioth	Elektrizitätsges. Alioth, Münchenstein
BBC	Brown Boveri & Cie., Baden
B&L	Brissonneau & Lotz, Creil (F)
CA	Chantiers de l'Atlantique, Saint-Denis (F)
Cum	Cummins Engine Company Columbus, Indiana (USA)
CIWL	Compagnie Internationale des Wagon-Lits
Deutz	Klöckner-Humboldt-Deutz AG, Köln
DS	Doppelstock(-Wagen)
DWA	Waggonbau Bautzen GmbH
EW	Einheitswagen
FFA	Flug- und Fahrzeugwerke AG, Altenrhein
FS	Ferrovie Italiane dello Stato
Gangloff	Gangloff Carrosserie AG, Bern
+GF+	Georg Fischer AG, Schaffhausen
GTO	Gate turn off (Transistor-Schaltung)
Hess	Hess AG, Carrosserien, Bettach SO
IEG	Comp. de l'Industrie électrique, Genève
Jung	Arn.Jung Lokomotivfabrik GmbH, Jungenthal
kN	Kilo-Newton
KTU	Konzessionierte Transportunternehmungen (ugs. Privatbahnen)
kW	Kilowatt
LEW	VEB Lokomotivbau Elektrotechn. Werke, Hennigsdorf
LüP	Länge über Puffer bzw. über Kupplung
MaK	Maschinenbau-Aktiengesellschaft, Kiel
MAN	Maschinenfabrik Augsburg-Nürnberg
Merc	Mercedes-Benz, Stuttgart
MFO	Maschinenfabrik Oerlikon
Moyse	Gaston Moyse, La Courneuve (F)

MTU	Motoren- und Turbinen-Union, Friedrichshafen
NEAT	Neue Alpen-Transversale
NPZ	Neuer Pendelzug
NS	Nederlandse Spoorwegen
ÖBB	Österreichische Bundesbahnen
OEG	Oberrheinische Eisenbahn-Gesellschaft
OSST	Oberaargau-Solothurn-Seeland-Transport (BTI/ RVO/SNB)
RACO	Robert Aebi & Co. AG, Zürich
Rastatt	Waggonfabrik AG, Rastatt
Reg	Regazzoni costruzioni, Lugano
RENFE	Red Nacional de los Ferrocarriles Espagnoles
Robel	Robel Maschinenfabrik, München
SAAS	SA des Ateliers de Sécheron, Genève
Saurer	Adolf Saurer AG, Arbon
SE	Siemens AG, Erlangen
SIG	Schweiz. Industriegesellschaft, Neuhausen am Rheinfall
SLM	Schweiz. Lokomotiv- und Maschinenfabrik, Winterthur
SNCF	Société nationale des chemins de fer français
SOK	Schienenoberkante
SSIF	Società subalpina di imprese ferroviarie, Domodossola
Stadler	Ernst Stadler, Bußnang TG
Steck	Maschinenfabrik Ferdinand Steck, Bowil
Sul	Gebr. Sulzer AG, Winterthur
SWP	Schindler Waggon AG, Pratteln
SWS	Schweiz. Waggons- und Aufzügefabrik AG, Schlieren
TEE	Trans-Europ-Express
TPC	Transports Public du Chablais (AL/AOMC/ASD/BVB)
Vevey	Vevey-technologies, Villeneuve
VHS	Verkehrshaus der Schweiz, Luzern
Werkspoor	Werkspoor N.V., Amsterdam

Register

Nach Bahnen geordnet, enthält dieses Register alle in den Einzeldarstellungen und in den Kapiteleinleitungen beschriebenen Triebfahrzeuge. Vorweg werden zu den Bahn-Initialen die vollständigen Namen, die Streckenlänge und das Eröffnungsdatum angegeben, danach zwischen zwei Linien die Spurweite, die Elektrifizierungsart und Angaben zur Betriebsart. Hierbei bedeuten die Abkürzungen für die Zahnstangen-Systeme: A = Abt, R = Riggenbach, S = Strub, vR = von Roll. Bei nicht mehr existierenden Serien sind die Fahrzeug-Nummern kursiv gedruckt, nicht mehr vollständige Serien sind durch Auslassungspunkte gekennzeichnet, bei nur zwei Fahrzeugen einer Serie wurde statt des Bis-Striches ein Plus-Zeichen gesetzt. Kursiv-Ziffern bei den Seitenangaben verweisen auf Einleitungstexte.

SBB – Brünigbahn 74 km, 1888

1000 mm ~15 kV 16,7 Hz Adh-Z (R)

Elektrische Lokomotiven

AB

Appenzeller Bahnen
(ehem. AB und SGA) 60 km, 1875

1000 mm = 1500 V Adh-Z (R/S)

Elektrische Lokomotiven

AL

Chemin de fer Aigle–Leysin
(TPC-Gruppe) 6 km, 1900

1000 mm = 1300 V Adh-Z (A)

Elektrische Lokomotiven

Serie	Nummern	Bau ab	Seite

AOMC

Chemin de fer
Aigle–Ollon–Monthey–Champéry
(TPC-Gruppe) 23 km, 1907

1000 mm = 850 V Adh-Z (S)

Elektrische Triebwagen

BDeh 4/4	11–14	1954	**180**
BDeh 4/4	1–3	1987	**192**
Be 4/4	101–105	1966	**133**

ASD

Chemin de fer Aigle–Sépey–Diablerets
(TPC-Gruppe) 22 km, 1913

1000 mm = 1350 V

Elektrische Triebwagen

ABDe 4/4	1+2	1913	*96*
BDe 4/4	401–404	1987	**146**

BAM

Chemin de fer
Bière–Apples–Morges 30 km, 1895

1000 mm ~ 15 kV 16,7 Hz

Elektrische Lokomotiven

Ge 4/4	21+22	1994	**109**

Elektrische Triebwagen

BDe 4/4	2+3	1943	*94*
BDe 4/4	5	1949	*94*
Be 4/4	11..14	1981	**120**

Serie	Nummern	Bau ab	Seite

BD

Bremgarten–Dietikon–Bahn 19 km, 1902

1000 mm = 1200 V

Elektrische Triebwagen

BDe 8/8	1–9	1969	**137**
Be 4/8	21–25	1993	**152**

BLM

Bergbahn Lauterbrunnen–Mürren
(BOB-Gruppe) 4 km, 1891

1000 mm = 525 V

Elektrische Triebwagen

BDe 2/4	11	1913	*96*
Be 4/4	21–23	1967	**134**

BLS

Berner Alpenbahn-Gesellschaft
Bern–Lötschberg–Simplon 102 km, 1913

1435 mm ~ 15 kV 16,7 Hz

Elektrische Lokomotiven

Re 4/4	161–195	1964	**46**
Re 465	001–008	1994	**53**
Ae 6/8	201..208	1926	**34**
Ae 4/4	251..258	1944	**37**
Ae 8/8	271..275	1959	**37**
Be 5/7	151	1913	*19*
Ce 6/6	121	1910	*19*
De 4/5	*796*	1929	*27*

Elektrische Triebwagen

Serie	Nummern	Bau ab	Seite
ABDe 4/8	746..750	1954	**61**
RBDe 4/4	721..731	1982	**74**
Ce 2/4	*781–783*	1910	*27*
CFe 2/6	784–785	1925	*27*
Ce 2/4	*727*	1935	*29*

BLT

Baselland Transport 24 km, 1887

1000 mm = 600 V

Elektrische Triebwagen

Serie	Nummern	Bau ab	Seite
Be 4/6 (4/8)	231–266	1984	*99*

BN

Bern–Neuenburg-Bahn
(BLS-Gruppe) 39 km, 1901

1435 mm ~ 15 kV 16,7 Hz

Elektrische Lokomotiven

Serie	Nummern	Bau ab	Seite
Re 4/4	179+180	1972	**46**

Elektrische Triebwagen

Serie	Nummern	Bau ab	Seite
RBDe 4/4	730..742	1982	**74**
ABDe 4/8	751..755	1964	**61**
Be 4/4	761+762	1953	**63**

BOB

Berner-Oberland-Bahnen 24 km, 1890

1000 mm = 1500 V Adh-Z (R)

Elektrische Lokomotiven

Serie	Nummern	Bau ab	Seite
HGe 3/3	24	1914	*158*
	29	1926	*158*

Elektrische Triebwagen

Serie	Nummern	Bau ab	Seite
ABDeh 4/4	301..303	1949	*161*
ABeh 4/4 I	304–310	1965	**183**
ABeh 4/4 II	311–313	1986	**189**

Diesellokomotiven

Serie	Nummern	Bau ab	Seite
HGm 2/2	31	1985	*160*

BRB

Brienz-Rothorn-Bahn 8 km, 1892

800 mm nicht elektrifiziert Z (A)

Dampflokomotiven

Serie	Nummern	Bau ab	Seite
H 2/3	1–5	1891	**206**
H 2/3	6+7	1933	**207**
H 2/3	12, 14, 15	1992	**208**

Diesellokomotiven

Serie	Nummern	Bau ab	Seite
Hm 2/2	9–11	1975	**205**

BT

Bodensee-Toggenburg-
Bahn 56 km, 1910

1435 mm ~ 15 kV 16,7 Hz

Elektrische Lokomotiven

Serie	Nummern	Bau ab	Seite
Be 4/4	11+12	1931	**36**
Re 4/4	91–96	1987	**49**

Serie	Nummern	Bau ab	Seite

Elektrische Triebwagen

RBDe 4/4	71–76	1982	**77**
BDe 4/4	50–53	1960	**63**
Be 3/4	43	1938	*29*

BTI

Biel–Täuffelen–Ins-Bahn
(OSST-Gruppe) 21 km, 1917

1000 mm = 1200 V

Elektrische Triebwagen

BSe 4/4	516	1947	*96*
Be 4/4	501–505	1965	**129**

BVB

Chemin de fer Bex–Villars–Bretaye
(TPC-Gruppe) 17 km, 1898

1000 mm = 700 V Adh-Z (A)

Elektrische Lokomotiven

HGe 4/4	31+32	1953	*160*
He 2/2	2	1900	*195*

Elektrische Triebwagen

BDeh 2/4	21–26	1940	**177**
BDeh 4/4	81+82	1977	**186**
BDeh 4/4	83	1987	**190**
Be 2/3	15+16	1948	*99*

BVZ

Brig–Visp–Zermatt-Bahn 43 km, 1890

1000 mm ~ 11 kV 16,7 Hz Adh-Z (A)

Serie	Nummern	Bau ab	Seite

Elektrische Lokomotiven

HGe 4/4 I	11–15	1929	**164**
HGe 4/4 I	16	1939	**164**
HGe 4/4 II	1–5	1990	**169**
Deh 4/4	21–24	1975	**167**

Elektrische Triebwagen

ABDeh 8/8	2041-2043	1965	176
BDeh 6/6	2031+2032	1960	174

CEV

Chemins de fer électriques
Veveysans 10 km, 1902

1000 mm = 900 V Adh-Z (S)

Elektrische Lokomotiven

He 2/2	1–3	1911	*195*

Elektrische Triebwagen

BDeh 2/4	71–75	1969	**185**
BDe 4/4	105	1913	*96*

CISALPINO AG

Tochtergesellschaft
von SBB, BLS und FS

keine eigenen Strecken

Elektrische Triebwagen

ETR 470	991–997	1996	**82**

Serie	Nummern	Bau ab	Seite

FB
Forchbahn 13 km, 1912

1000 mm = 1200 V

Elektrische Triebwagen

BDe 4/4	11–16	1959	*99*
Be 8/8	21.22–31.32	1976	*99*
Be 4/4	51–58	1995	*99*

FLP
Ferrovia Lugano–
Ponte Tresa 12 km, 1912

1000 mm = 1000 V

Elektrische Triebwagen

Be 4/8	21–25	1979	**139**
Be 4/8	41+42	1979	**139**

FO
Furka-Oberalp-Bahn 100 km, 1915

1000 mm ~ 11 kV 16,7 Hz Adh-Z (A)

Elektrische Lokomotiven

HGe 4/4 I	31–37	1941	**164**
HGe 4/4 II	101–108	1985	**169**
Deh 4/4 I	51–55	1972	**167**
Deh 4/4 II	91–96	1979	**167**
Ge 4/4	81+82	1980	**108**

Elektrische Triebwagen

BDeh 2/4	41..45	1941	**172**

Serie	Nummern	Bau ab	Seite

Diesel- und Zweikraftlokomotiven

HGm 4/4	61+62	1968	**171**
Gm 4/4	71	1966	*102*

FW
Frauenfeld–Wil–Bahn 17 km, 1887

1000 mm = 1200 V

Elektrische Triebwagen

Be 4/4	11–17	1985	**144**

GBS
Gürbetal–Bern–Schwarzenburg-Bahn
(BLS-Gruppe) 52 km, 1902

1435 mm ~ 15 kV 16,7 Hz

Elektrische Lokomotiven

Re 4/4	178	1972	**46**
Ce 4/4	311+313	1920	*21*

Elektrische Triebwagen

RBDe 4/4	725..740	1982	**74**
ABDe 4/8	753	1964	**61**
Be 4/4	763	1956	**63**

GFM
Chemins de fer
fribourgeois 99 km, 1868

1000 mm = 800 V (Stammnetz)

Elektrische Lokomotiven

GDe 4/4	101+102	1983	**114**

Serie	Nummern	Bau ab	Seite
Elektrische Triebwagen			
Be 4/4	107+111	1903	*94*
Be 4/4	115	1905	*94*
Be 4/4	131–133	1943	*94*
BDe 4/4	141+142	1972	**138**
Be 4/4	151+152	1977	**142**
BDe 4/4 (II)	121–124	1992	**146**

1435 mm ~ 15 kV 16,7 Hz (Fribourg-Ins)

Elektrische Lokomotiven			
Ae 417	191+192	1963	**41**
Elektrische Triebwagen			
ABDe 4/4	*161..165*	1946	*29*
ABe 4/4	*166+167*	1947	*29*
RABDe 4/4	171–173	1983	**74**
RABDe 4/4	181+182	1991	**74**

GGB

Gornergratbahn 9 km, 1898

1000 mm D 725 V 50 Hz Z (A)

Elektrische Lokomotiven			
He 2/2	3001–3003	1898	*194*
Elektrische Triebwagen			
Bhe 2/4	3011–3022	1947	**209**
Bhe 4/8	3041–3044	1965	**211**
Bhe 4/4	3061+3062	1981	**211**
Bhe 4/8	3051–3054	1993	**212**

Serie	Nummern	Bau ab	Seite

JB

Jungfraubahn
(BOB-Gruppe) 9 km, 1898

1000 mm D 1125 V 50 Hz Z (S)

Elektrische Lokomotiven			
He 2/2	*1*	1898	*194*
He 2/2	6	1904	**201**
He 2/2	8–11	1912	**201**
Elektrische Triebwagen			
BDhe 2/4	201-210	1955	**210**
BDhe 4/8	211–214	1992	**212**

LEB

Chemin de fer Lausanne–
Echallens–Bercher 23 km, 1873

1000 mm = 1500 V

Elektrische Triebwagen			
BDe 4/4	21	1935	*96*
Be 4/4	26+27	1966	**129**
Be 4/8	31–36	1985	**146**

LO

Chemin de fer
Lausanne–Ouchy 1,8 km, 1954

1435 mm = 650 V Z (S)

Elektrische Lokomotiven			
He 2/2	121–123	1958	*196*
Elektrische Triebwagen			
Bhe 2/2	111+112	1964	*197*

LOKOOP AG

Tochtergesellschaft
von MThB und SOB-

keine eigenen Strecken

Elektrische Lokomotiven

Ae 477	900..914	1963	**41**

LSE

Luzern–Stans–
Engelberg-Bahn 25 km, 1898

1000 mm ~ 15 kV 16,7 Hz Adh-Z(R)

Elektrische Lokomotiven

De 4/4	121+122	1941	**166**

Elektrische Triebwagen

BDeh 4/4	1–8	1964	**175**

Diesellokomotiven

Gm 4/4	111	1950	*101*

MC

Chemin de fer
Martigny–Châtelard 18 km, 1906

1000 mm = 800 V Adh-Z (S)

Elektrische Triebwagen

BDeh 4/4	14+15	1908	*157*
BDeh 4/4	31+32	1921	*161*
BDeh 4/4	4–8	1957	**181**
BDeh 4/4 (II)	501	1980	**187**
BDeh 4/8	821/22+823/24	1997	**193**

MG

Ferrovia Monte Generoso 9 km, 1890

800 mm = 650 V Z (A)

Elektrische Triebwagen

Bhe 4/8	11–14	1982	**222**

Diesellokomotiven

Hm 2/3	1+2	1953	*199*

Dieseltriebwagen

Bhm 2/4	4	1957	*199*

MIB

Meiringen–Innertkirchen–
Bahn 5 km, 1926

1000 mm = 1200 V

Elektrische Triebwagen

Be 4/4	8	1996	**155**

MO

Chemin de fer
Martigny–Orsières 25 km, 1910

1435 mm ~ 15 kV 16,7 Hz

Elektrische Triebwagen

ABDe 4/4	6-9	1965	**63**
BCFe 4/4	*1+2*	1910	*27*
CFe 4/4	*11+12*	1910	*27*

Serie	Nummern	Bau ab	Seite

MOB

Chemin de fer Montreux–Oberland Bernois — 75 km, 1901

1000 mm — = 900 V

Elektrische Lokomotiven

Serie	Nummern	Bau ab	Seite
GDe 4/4	6001–6004	1983	**114**
Ge 4/4	8001–8004	1995	**116**
DZe 6/6	2001+2002	1932	**110**

Elektrische Triebwagen

Serie	Nummern	Bau ab	Seite
ABDe 4/4	11 hist.Tfz.	1904	*94*
BDe 4/4	3001..3006	1944	**124**
ABDe 8/8	4001–4004	1968	**136**
Be 4/4	5001–5004	1976	**142**

Diesellokomotiven

Serie	Nummern	Bau ab	Seite
Gm 4/4	2003+2004	1976	**118**

MTGN

Chemin de fer Montreux–Territet–Glion–Rochers-de-Naye *(MOB-Gruppe)* — 11 km, 1892

800 mm — = 850 V — Z (A)

Elektrische Lokomotiven

Serie	Nummern	Bau ab	Seite
H[G]e 2/2	2	1909	*195*
He 2/2	101	1909	*195*

Elektrische Triebwagen

Serie	Nummern	Bau ab	Seite
Bhe 2/4	201–208	1938	*216*
Bhe 4/8	301–304	1983	*222*

Diesellokomotiven

Serie	Nummern	Bau ab	Seite
Hm 2/2	4	1973	*205*

Dampflokomotiven

Serie	Nummern	Bau ab	Seite
H 2/3	1	1992	*200*

MThB

Mittel-Thurgau-Bahn — 42 km, 1911

1435 mm — ~ 15 kV 16,7 Hz

Elektrische Lokomotiven

Serie	Nummern	Bau ab	Seite
Re 4/4 II	21	1969	**42**

Elektrische Triebwagen

Serie	Nummern	Bau ab	Seite
RBDe 566	631–634	1994	**78**
ABDe 536	611–616	1965	**63**

Diesellokomotiven

Serie	Nummern	Bau ab	Seite
Em 826	641	1972	*31*

Dieseltriebwagen

Serie	Nummern	Bau ab	Seite
Bm 596	671-673	1996	*32*

NStCM

Chemin de fer Nyon–St-Cergue–Morez — 27 km, 1916

1000 mm — = 2200 V

Elektrische Triebwagen

Serie	Nummern	Bau ab	Seite
ABDe 4/4	11	1918	*96*
Be 4/4	201–205	1985	**146**
BDe 4/4	211	1991	**146**

Serie	Nummern	Bau ab	Seite

OC

Chemin de fer
Orbe–Chavornay 4 km, 1894

1435 mm = 700 V

Elektrische Lokomotiven

De 2/2	32	1902	*17*

Elektrische Triebwagen

CFe 2/2	*11(>VHS)*	*1895*	*17*
BDe 4/4	12+13	1915	*17*
Be 2/2	14	1990	**84**

OeBB

Oensingen–Balsthal-Bahn 4 km, 1899

1435 mm ~ 15 kV 16,7 Hz

Elektrische Lokomotiven

De 6/6	15301	1926	*23*
De 4/4	51	1940	*27*

Elektrische Triebwagen

Be 2/4	201	1935	*29*
RBe 2/4	202	1938	**58**
ABDe 4/8	244+245	1945	**61**

PB

Pilatusbahn 4 km, 1889

800 mm = 1550 V Z (L)

Elektrische Triebwagen

Bhe 1/2	21–28	1937	**214**
Ohe 1/2	31	1954	**214**
(Bhe 1/2	29)		
Bhe 1/2	30	1968	**214**

Dampftriebwagen

Bhd 1/2	9	1889	*200*

Dienstfahrzeuge

Xhm 1/2	32	1981	*199*

PBr

Chemin de fer
Pont Brassus 13 km, 1899

1435 mm ~ 15 kV 16,7 Hz

Elektrische Triebwagen

RBDe 4/4	2184+2185	1989	**78**

RB

Rigi-Bahnen
(ARB und VRB) 16 km, 1871

1435 mm = 1500 V Z (R)

Elektrische Lokomotiven

He 2/3	8 (ARB)	1930	**196**
He 2/2	18 (VRB)	1938	**196**

Elektrische Triebwagen

Bhe 2/4	1–4 (VRB)	1937	**215**
BDhe 4/4	5 (VRB)	1965	*197*
BDhe 2/3	6 (ARB)	1911	*197*
BDhe 2/4	7 (ARB)	1925	*197*
BDhe 2/4	11–14 (ARB)	1949	**218**
Bhe 4/4	15 (ARB)	1982	**220**
Bhe 4/4	21+22 (VRB)	1986	**220**

Serie	Nummern	Bau ab	Seite
Dampflokomotiven			
H 1/2	7 (VRB)	1873	*200*
H 2/3	16+17	1923	*200*

RBS

Regionalverkehr Bern–Solothurn
(ehem. SZB/VBW) 54 km, 1898

1000 mm = 1200 V (Murilinie 600 V)

Elektrische Lokomotiven			
Ge 4/4	111+112	1927	*91*
De 4/4	101..105	1959	**112**
Elektrische Triebwagen			
CFe 4/4	11	1916	*96*
Bre 4/4	1	1916	*96*
BDre 4/4	4	1950	**125**
BDre 4/4	21–23	1955	**125**
Be 4/8	41–61	1974	**139**
Be 4/8	62–64	1992	**152**
ABe 4/12	65–72	1992	**152**
Be 4/8	81–89	1987	*99*

RhB

Rhätische Bahn 376 km, 1889

1000 mm ~ 11 kV 16,7 Hz (Stammnetz)

Elektrische Lokomotiven			
Ge 4/4 I	601–610	1947	**104**
Ge 4/4 II	611–633	1973	**107**
Ge 4/4 III	641–649	1993	**109**
Ge 6/6 I	411..415	1925	**103**
Ge 6/6 II	701–707	1958	**106**
Ge 4/6	353	1914	*89*
Ge 2/4	221+222	1913	*89*

Serie	Nummern	Bau ab	Seite
Elektrische Triebwagen			
ABe 4/4	501–504	1939	**119**
Be 4/4	511–516	1971	**120**

1000 mm = 1000 V (Berninabahn)

Elektrische Lokomotiven			
Ge 2/2	161+162	1911	*91*
De 2/2	151	1909	*91*
Elektrische Triebwagen			
ABe 4/4 I	31..37	1908	**123**
ABe 4/4 II	41–49	1964	**128**
ABe 4/4 III	51–56	1988	**151**
Diesel- und Zweikraftlokomotiven			
Gem 4/4	801+802	1968	**117**

1000 mm = 2000 V (Chur–Arosa)

Elektrische Triebwagen			
ABDe 4/4	481–486	1957	**127**
ABe 4/4	487+488	1973	**127**

1000 mm = 1500 V (Bellinz.-Mes.)

Elektrische Triebwagen			
BDe 4/4	491	1958	**127**

RHB

Rorschach–Heiden-
Bergbahn 6 km, 1875

1435 mm ~ 15 kV 16,7 Hz Adh-Z (R)

Elektrische Lokomotiven			
DZeh 2/4	22	1930	*158*

Serie	Nummern	Bau ab	Seite
Elektrische Triebwagen			
ABDeh 2/4	23	1953	**173**
BDeh 2/4	24	1967	**173**

RhW

Bergbahn Rheineck–Walzenhausen 2 km, 1958

1200 mm = 600 V Adh-Z (R)

Serie	Nummern	Bau ab	Seite
Elektrische Triebwagen			
BDeh 1/2	1	1958	**182**

RVO

Regionalverkehr Oberaargau
(ex OJB, OSST-Gruppe) 16 km, 1907

1000 mm = 1200 V

Serie	Nummern	Bau ab	Seite
Elektrische Lokomotiven			
Ge 4/4	126	1917	*91*
De 4/4	121	1987	*91*
Elektrische Triebwagen			
Bre 4/4	116	1907	*96*
Be 4/4	101+102	1966	**129**
	103	1973	**129**

RVT

Chemin de fer Régional du Val-de-Travers 14 km, 1883

1435 mm ~ 15 kV 16,7 Hz

Serie Nummern Bau ab Seite

Serie	Nummern	Bau ab	Seite
Elektrische Triebwagen			
RBDe 567	315–317	1983	**74**
ABDe 537	313	1945	**61**
Dieseltriebwagen			
ABm 2/5	*9*	1914	*32*

SEZ

Simmentalbahn
(BLS-Gruppe) 35 km, 1897

1435 mm ~ 15 kV 16,7 Hz

Serie	Nummern	Bau ab	Seite
Elektrische Lokomotiven			
Re 4/4	177	1972	**46**
Ce 4/6	307	1920	*21*
Elektrische Triebwagen			
RBDe 4/4	723..739	1982	**74**
ABDe 4/8	752	1964	**61**

SMB

Solothurn–Münster-Bahn
(EBT-Gruppe) 23 km, 1908

1435 mm ~ 15 kV 16,7 Hz

Serie	Nummern	Bau ab	Seite
Elektrische Lokomotiven			
Re 436	181	1983	**42**
Be 4/4	171+172	1932	**36**
Elektrische Triebwagen			
RBDe 566	281	1973	**72**
RBDe 566	282+283	1984	**74**
BDe 4/4 (I)	291	1947	*29*

Serie	Nummern	Bau ab	Seite

SNB

Solothurn–Niederbipp-Bahn
(OSST-Gruppe) 14 km, 1918

1000 mm = 1200 V

Elektrische Triebwagen

Be 4/4	301-304	1966	**129**

SOB

Schweizerische
Südostbahn 49 km, 1877

1435 mm ~ 15 kV 16,7 Hz

Elektrische Lokomotiven

Re 446	445–448	1982	**48**
Ae 477	s. Lokoop AG		
De 586	421+422	1940	*27*

Elektrische Triebwagen

RBDe 566	400–403	1995	78
ABe 4/4	11..14	1939	60
BDe 576	480–487	1959	63

SPB

Schynige-Platte-Bahn
(BOB-Gruppe) 7 km, 1893

800 mm = 1500 V Z (R)

Elektrische Lokomotiven

He 2/2	11–14	1914	**202**
He 2/2	16–20	1910	**202**
	61+62	1912	**202**

Dampflokomotiven

H 2/3	5	1894	*200*

Serie	Nummern	Bau ab	Seite

ST

Sursee–Triengen-Bahn
(nur Güterverkehr) 9 km, 1912

1435 mm nicht elektrifiziert

Diesellokomotiven

Em 2/2	1	1965	*32*
Em 2/2	2	1976	*32*

STB

Sensetalbahn 11 km, 1904

1435 mm ~ 15 kV 16,7 Hz

Elektrische Triebwagen

BDe 4/6	102+103	1938	**59**
Be 4/4	106	1939	**60**

SZU

Sihltal–Zürich–
Uetliberg-Bahn 26 km, 1875

1435 mm ~ 15 kV 16,7 Hz (Sihltalbahn)

Elektrische Lokomotiven

Re 456	542–547	1987	**49**
De 3/4	41	1926	*23*

Elektrische Triebwagen

BDe 576	592..596	1971	**71**
FCe 2/4	84	1924	*29*

1435 mm = 1200 V (Uetlibergbahn)

Serie	Nummern	Bau ab	Seite

Elektrische Triebwagen

Serie	Nummern	Bau ab	Seite
Be 2/2	2	1923	*30*
BDe 4/4	11–14	1939	*30*
Be 8/8	31+32	1978	**83**
Be 4/4	21-28	1992	**85**

TB

Trogener Bahn 10 km, 1903

1000 mm = 1000 V

Elektrische Triebwagen

Serie	Nummern	Bau ab	Seite
BDe 4/8	21–25	1975	**141**

VHB

Vereinigte Huttwil-Bahnen
(EBT-Gruppe) 68 km, 1889

1435 mm ~ 15 kV 16,7 Hz

Elektrische Lokomotiven

Serie	Nummern	Bau ab	Seite
Re 436	141	1983	**42**
Re 456	142+143	1993	**49**
De 4/4	266+267	1980	*27*

Elektrische Triebwagen

Serie	Nummern	Bau ab	Seite
RBDe 566	261	1973	**72**
RBDe 566	262–265	1984	**74**
BDe 4/4 (I)	*241–245*	1947	*29*
BDe 4/4 II	251+252	1966	**63**

WAB

Wengernalpbahn
(BOB-Gruppe) 19 km, 1893

800 mm = 1500 V Z(R)

Elektrische Lokomotiven

Serie	Nummern	Bau ab	Seite
He 2/2	15	1909	**203**
	51..63	1909	**203**
He 2/2	64+65	1926	**203**
He 2/2	31+32	1996	**204**

Elektrische Triebwagen

Serie	Nummern	Bau ab	Seite
BDhe 4/4	101–118	1947	**217**
BDhe 4/4 II	119–124	1970	**219**
BDhe 4/8	131–134	1988	**224**

WB

Waldenburger Bahn 13 km, 1880

750 mm = 1500 V

Elektrische Triebwagen

Serie	Nummern	Bau ab	Seite
BDe 4/4	11–17	1985	**145**

WM

Wohlen–Meisterschwanden-
Bahn 8 km, 1916

1435 mm ~ 15 kV 16,7 Hz

Elektrische Triebwagen

Serie	Nummern	Bau ab	Seite
BDe 4/4	1+2	1966	**63**

WSB

Wynental- und Suhrental-
bahn 32 km, 1901

1000 mm = 750 V

Serie	Nummern	Bau ab	Seite
Elektrische Lokomotiven			
De 4/4	42	1904	*91*
De 4/4	43–45	1974	**113**
Elektrische Triebwagen			
BSe 4/4	116	1901	*94*
Be 4/4	9–14	1965	*132*
Be 4/4	15..27	1978	*132*
Be 4/8	28–34	1992	*132*

YSteC

Chemin de fer
Yverdon–Ste-Croix 24 km, 1893

1000 mm ~ 15 kV 16,7 Hz

Elektrische Lokomotiven			
Ge 4/4	21	1950	**105**
Elektrische Triebwagen			
Be 4/4	4+5	1945	*94*
Be 4/4	1–3	1981	**120**

Wir schreiben über mehr als Dampf !

Spannende Abenteuer mit der Eisenbahn, computergesteuerte Modellbahn-Tests, originelle Werkstatt-Tips, einmalige Fotos, Geschichten von Menschen und Maschinen – bei uns finden Sie alles, was Modell und Vorbild an Faszination bieten.

Überzeugen Sie sich selbst!
Wir schicken Ihnen gern ein kostenloses Probeheft zum Schnuppern.

Also gleich anfordern – per Postkarte, per Fax oder telefonisch.

MODELLEISENBAHNER
Pietsch + Scholten Verlag
Postfach 103743, D-70032 Stuttgart
Olgastraße 86, D-70180 Stuttgart
Telefon (0711) 2108075
Fax (0711) 2360415 oder 2108074